Treasures for Scholars Worldwide

師顧堂叢書

蔣鵬翔 沈楠 主編

金澤文庫本

春秋經傳集解

昭公

八

〔晉〕杜預 注

广西师范大学出版社
GUANGXI NORMAL UNIVERSITY PRESS
·桂林·

左傳集解

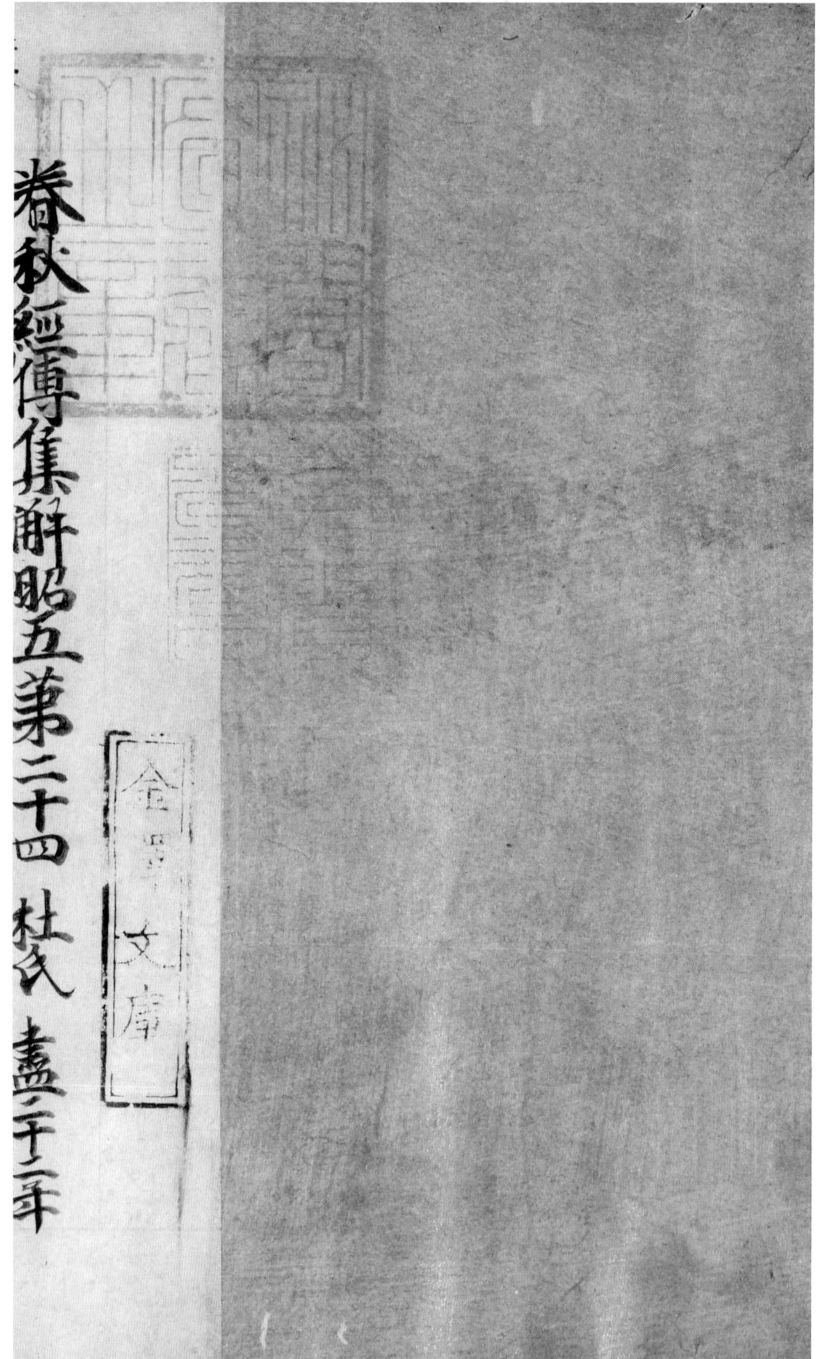
春秋經傳集解昭五第二十四　杜氏　盡二十二年
金澤文庫

正三十

春秋經傳集解昭五第二十四　杜氏　盡二十二年

經十有八年春王三月曹伯須卒未同盟而赴以名

夏五月壬午宋衛陳鄭災來告故書天火曰災

六月鄅人入鄅鄅國今琅邪開陽縣

秋葬曹平公冬許遷于白羽自葉

葉

遷也畏鄭而樂遷

故以自遷為文

傳十八年春王二月乙卯周毛得殺

毛伯過毛伯過周大夫得過之族而代之代居其位

萇弘曰毛得必亡是昆吾稔之日

也侈故之以昆吾夏伯也稔熟也侈惡積熟以乙卯日

與桀同

……侈惡積熟以乙卯日
與桀同誅同而毛得以濟侈於王都不
亡何待爲二十六年毛伯奔楚傳三月曹平公
卒爲下會葬見原伯起本夏五月火始昏見
火心星丙子風梓慎曰是謂融風火
之始也東北曰融風ゝゝ木也木火母故曰火之始七
日其火作乎從丙子至壬午七日

日其火作乎從丙子至壬午七日壬午水火合之日故知火當作戊寅風甚壬午大甚宋衛陳鄭皆火梓慎登大庭氏之庫以望之大庭氏古國名在魯城内魯於其處作庫高顯故登以望氣参近占以審前年之言曰宋衛陳鄭也數日皆

前年之言宋衛陳鄭也數[illegible]

来告火言經所以書裨竈曰不用吾言

鄭又將火前年裨竈欲用瓘斝禳火子產不聽今復謂用之也

鄭人請用之信竈言子產不可子

大叔曰寶以保民也若有火國幾

亾可以救亾子何愛焉子產曰天

道遠人道邇非所及也何以知之

亡可以救亡子何愛焉子產曰天
道遠人道邇非所及也何以知之
竈焉知天道是亦多言矣豈不或
信多言者或時有中遂不與亦不復火傳言
天道難明雖裨竈猶不足以盡知之鄭之未災也里
析告子產曰將有大祥里析鄭大夫祥變異
之

…夫祥變異之氣

民震動國幾亡吾身泯焉弗良及也言將先災死國遷其可乎子產曰

雖可吾不足以定遷矣子產知天災不可逃非遷所免故託以知不足及火里析死矣未葬

子產使輿三十人遷其柩以其嘗與已言故

輿音餘

才祥反

可尋

火作子產辭晉公子公孫于東

子產使輿三十人遷其柩與已言

故火作子產辭晉公子公孫于東門晉人新來未入故辭不使前也使司寇出新客新來聘者禁舊客勿出於宮為其知國情不欲令去使子寬子上巡羣屏攝至于大宮二子鄭大夫屏攝祭祀之位大宮鄭祖廟巡行宗廟不得使火及之

使公孫登徙大龜登開卜大夫

鄭祖廟巡行宗廟不得使火及之

使公孫登徙大龜登開卜大夫使祝史

徙主祏於周廟告于先君祏廟主石函周

廟厲王廟也有火災故

合羣主於祖廟易救護使府人庫

人各儆其事儆備火也商成公儆司宮

商成公鄭大夫司

宮巷伯寺人之官出舊宮人寘諸

火所不及舊宮人先司馬司寇列

宮巷伯寺人之官出舊宮人寘諸 之豉反

火所不及　舊宮人先公宮女　司馬司寇列

居火道　備非常也　行火所焮　焮炙也　焮許靳反　城下

炙之石反爇也又之夜反

之人伍列登城　為部伍登城備姦也　明日使

野司寇各保徵　野司寇縣士也火之明日四方乃閒

災故戒保所徵役之人　郊人助祝史除於國

北　為祭禳於國北　禳火于玄冥回

徵役之人郊人助祝史除於國北為祭處於國北者就大陰禳火禳火于玄冥回祿玄冥水神回祿火神祈于四鄘鄘城也城積土陰氣所聚故祈祭之以禳火之餘災書焚室而寛其征與之材征賦税也三日哭國不市亦憂戚不會市使行人告於諸侯宋衛皆如是陳不救火許不弔災君子是以知

市使行人告於諸侯宋衛皆如是

陳不救火許不弔災君子以是知

陳許之先亡也不義所以亡六月鄅人

藉稻鄅妘姓國也其君自出藉稻蓋履行之邾人襲

鄅ゝ人將閉門邾人羊羅攝其首

焉斬得閉門者頭遂入之盡俘以歸鄅子曰

門者頭

余無歸矣從帑於邾〻莊公反鄅

夫人而舍其女爲明年宋伐邾起本秋葬曹

平公往者見周原伯魯焉原伯魯周大夫

與之語不說學〻歸以語閔子馬

〻〻〻曰周其亂乎夫必多有是

說而後及其大人國亂俗壞言者

説而後及其大人國乱俗壞言者適多漸以及大人大人在位者大人患失而惑又曰可以無學〻〻不害患有學而失道者以惑其意不害而不學則苟而可以為無害遂不學則皆懐苟且於是乎下陵上替能無乱乎夫

可於是乎下陵上替能無亂乎夫
學殖也不學將落原氏其亡乎殖生
長也言學之進德如
農之殖苗日新日益七月鄭子產
為火故大為社為治也祓禳於四方
振除火災禮也振弃也乃簡兵大蒐
將為蒐除治兵於廟城內地迫故除廣之子大叔

地迫故除廣之子大叔之廟在道南其寢在道北其庭小庭蒐場也過期三日處小不得一時畢使除徒陳於道南廟北曰子産過女而命速除乃毀於而鄉而女也毀所鄉子産朝過而怒之朝君怒不毀除者南毀子産及衝使從者止之曰毀於北方言

者[illegible]毀　除者南毀之方

及衝使從者止之曰毀於北方　言子產仁不忍毀人廟

火之作也子產授兵登陴

子大叔曰晉無乃討乎　辟晉公子公孫而授兵似若叛晉

子產曰吾聞之小國志守

則危況有災乎國之不可小有備

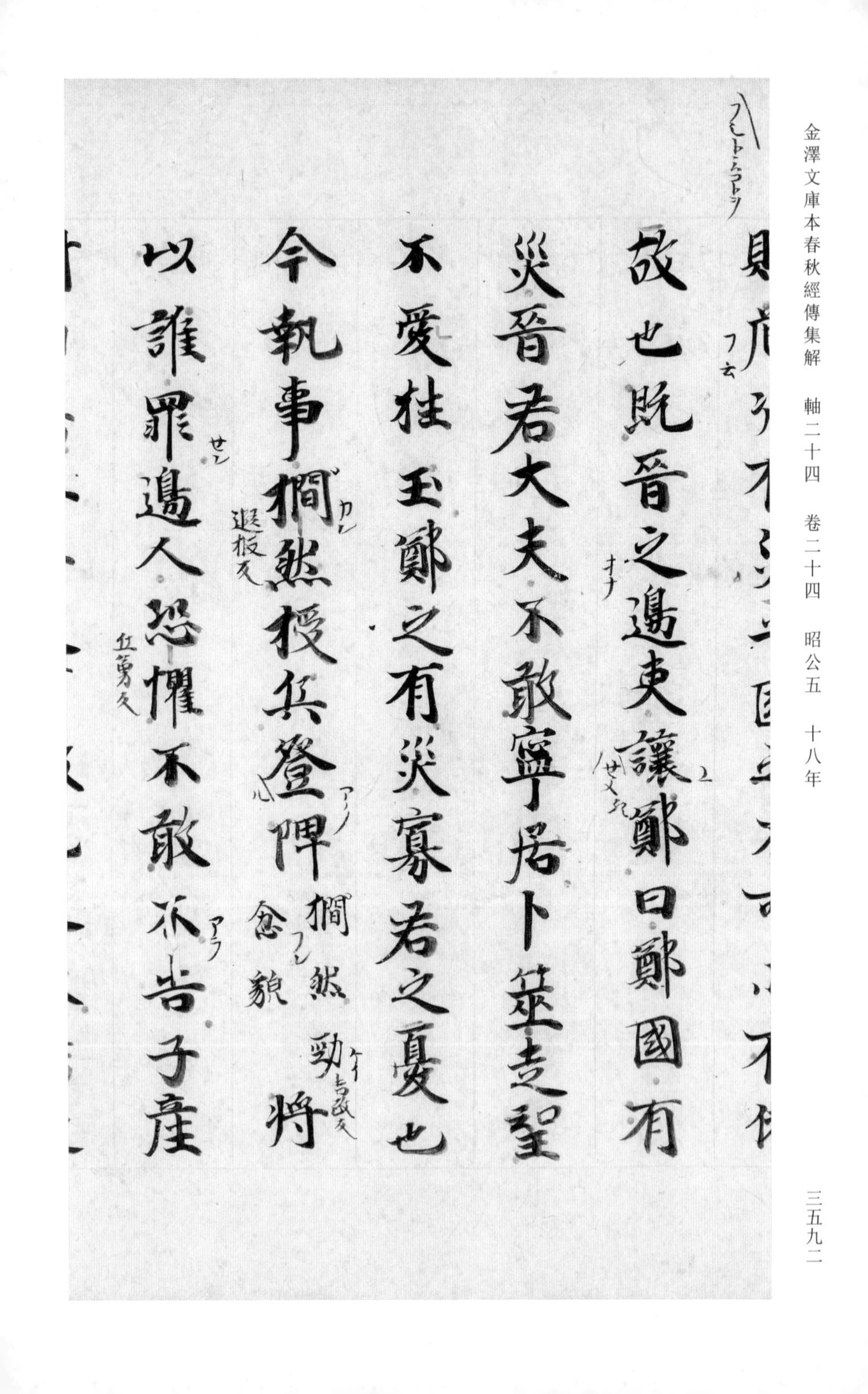

則危況有災乎國之不可小有備
故也既晉之邊吏讓鄭曰鄭國有
災晉君大夫不敢寧居卜筮走望
不愛牲玉鄭之有災寡君之憂也
今執事撊然授兵登陴撊然勁忿貌將
以誰罪邊人恐懼不敢不告子産

誰罪邊人恐懼不敢不告

對曰若吾子之言敝邑之災君之

憂也敝邑失政天降之災又懼讒

慝之間謀之以啓貪人薦為敝邑

不利也荐重以重君之憂幸而不亡

猶可說也說解也不幸而亡君雖憂

之亦無及也鄭有他竟望走在晉言鄭雖與他國爲竟每瞻望晉歸赴之既事晉矣其敢有二心傳言子産有備楚左尹王子勝言於楚子曰許於鄭仇敵也而居楚地以不禮於鄭十五年平王復遷邑許自夷遷居葉恃楚晉鄭方睦鄭若伐許[illegible]

遷邑許自夷遷

居葉恃楚而不事鄭晉鄭方睦鄭若伐許而

晉助之楚喪息浪反地矣君盍戶臘反遷許ゝ不

專於楚自以舊國不專心事楚鄭方有令政

許曰余舊國也許先悉薦反鄭封鄭曰余俘邑

也隱十一年鄭滅許而復扶又反存之故曰我俘邑之葉在楚

為方城外

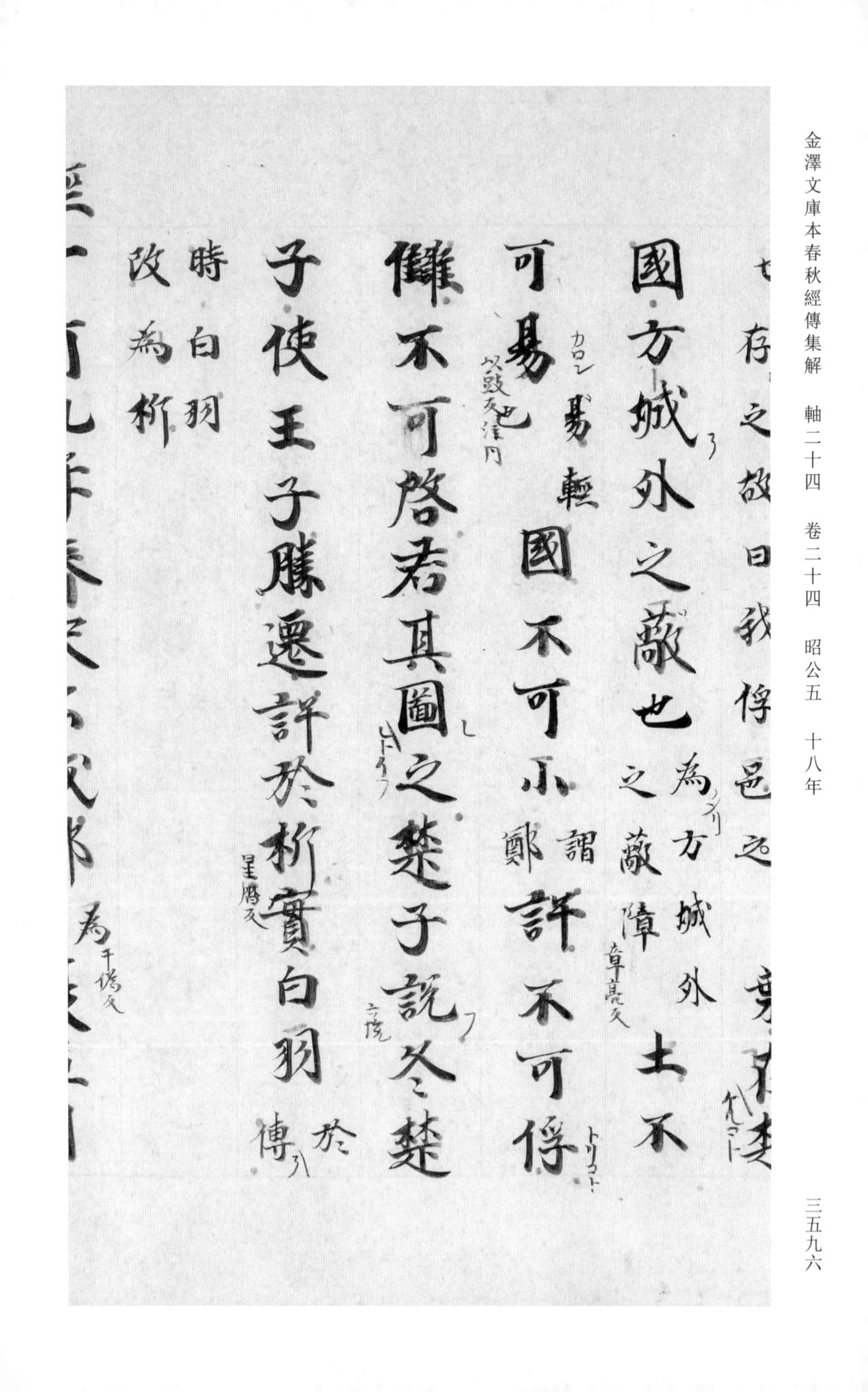

也存之故曰我俘邑之葉在楚

國方城外之蔽也　為方城外之蔽障　土不

可易　易輕　國不可小　謂鄭　許不可俘

讎不可啓君其圖之楚子說冬楚

子使王子勝遷許於析實白羽　於傳

時白羽改為析

經十有九年春宋公伐邾　為

經十有九年春宋公伐邾夏五月

戊辰許世子止弒其君買加弒者責止不

舍藥物己卯地震傳無秋齊高發帥師

伐莒冬葬許悼公傳無

傳十九年春楚工尹赤遷陰于下陰陰縣今屬

南郡令尹子瑕城郟叔孫昭

傳十九年春楚工尹赤遷陰于下陰

陰縣今屬南鄉縣郡 令尹子瑕城郟叔孫昭

子曰楚不在諸侯矣其僅自完也

以待其世而已 如字本或作恃怙之字非也 遷陰城郟皆欲以自完守 楚子

之在蔡也 蓋為大夫時往聘蔡 鄅陽封人之

女奔之生大子建 鄅陽蔡邑 及即位使

伍奢五擧之

伍奢為之師伍奢伍舉之子伍員之父費無極
為少師無寵焉欲譖諸王曰建可
室矣室妻也王為之聘於秦無極與
逆勸王取之正月楚夫人嬴氏至
自秦王自取之故稱夫人至為下拜夫人赴郹夫人

至為下拜夫人起　鄅夫人

宋向戌之女也故向寧請師寧向戌子

也請於宋公伐邾二月宋公伐邾圍蟲三

月取之蟲邾邑不書圍取不以告乃盡歸鄅俘

夏許悼公瘧五月戊辰飲大子止

之藥卒止獨進藥不由醫大子奔晉書曰

止弒其君君子曰盡心力以事君

不由醫

止弒其君子曰盡心力以事君舍藥物可也藥物有毒當由醫非凡人所知譏止不舍藥物所以加弒君之名邾人郳人徐人會宋公乙亥同盟于蟲終宋公伐邾事楚子為舟師以伐濮濮南夷也費無極言於楚子曰晉之伯也邇於諸夏而楚辟

[illegible]夷也[illegible]

子曰晉之伯也迩於諸夏而楚辟匹亦反

陋故弗能與爭若大城城父而寘

大子焉城父今襄城城父縣以通北方王收

南方是得天下也王說從之故大

子建居于城父令尹子瑕聘于秦

拜夫人也為明年譖大子張本[illegible]

子建居于城父令尹子瑕聘于秦

拜夫人也　為明年譖大子張夲　改以為夫人遣謝秦

秋

齊高發帥師伐莒　莒不事齊故

莒子奔紀

鄣　紀鄣莒邑也東海贑榆縣東北有紀城

使孫書

伐之　孫書陳无宇之子子占也

初莒有婦人莒子殺其

夫已為嫠婦　寡婦為嫠

及老託於紀鄣

紡焉以度而去之　因紡纑連所紡

去（起呂反藏也非衣裾之注紀志云古人謂藏為去案今開中猶有此音）

上之人亦譟（一本作上城上之人亦譟）

夫已為嫠（力之反本又作嫠）婦及老託於紀鄣

紡（芳往反）焉以度（待洛反注同）而去（起呂反）之　因紡纑（力呉反麻縷也）連所紡以度城而藏之以待外攻者欲以報讎

及師至則投諸外　投縋城外隨之而出

或獻諸子占子占使師夜

縋（直偽反）而登　緣繩登城　登者六十人縋絶師

鼓譟（七到反）城上之人亦譟（素報反）莒共公懼啓

西門而出七月丙子齊師入紀　傳

鼓譟城上之人亦譟莒共公懼啓
西門而出七月丙子齊師入紀傳言
悲不在大是歲也鄭駟偃卒子游娶於
晉大夫生絲弱子游駟偃也弱幼小其父兄
立子瑕子瑕子游之叔父駟乞子產憎其為
人也憎子瑕且以為不順舍子立叔不順礼也
[illegible]許之為違礼[illegible]止之[illegible]

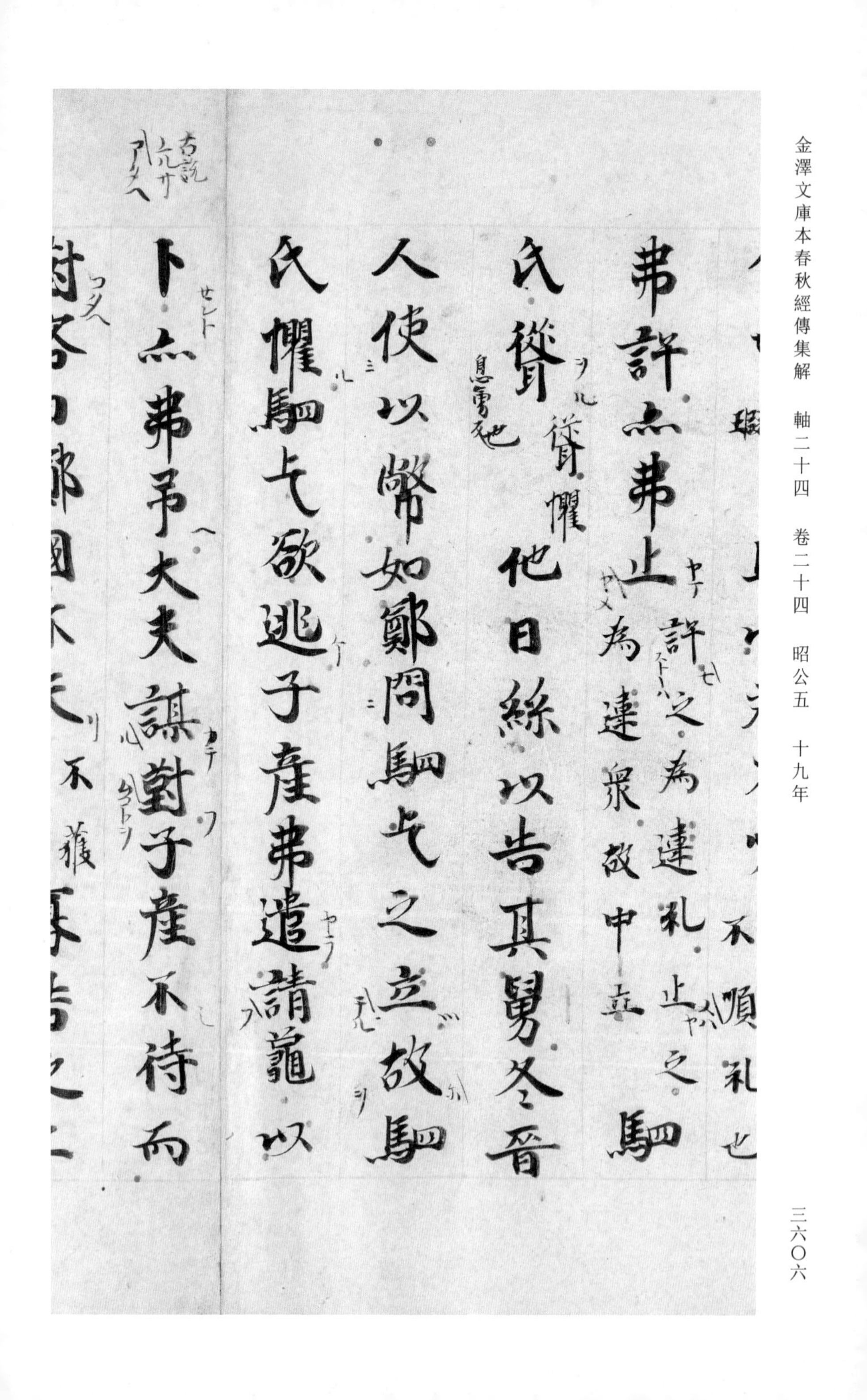

……不順礼也
弗許亦弗止許之為違礼止之為違衆故中立
氏聳聳懼息勇反也他日絲以告其舅冬晉
人使以幣如鄭問駟乞之立故駟
氏懼駟乞欲逃子產弗遣請龜以
卜亦弗予大夫謀對子產不待而
對客曰鄭國不天不獲寡君之二

卜亦弗予大夫謀對子產不待而

對客曰鄭國不天不獲天福寡君之二

三臣札瘥夭昏大死曰札小疫曰瘥短折曰夭未名

曰昏今又喪我先大夫偃其子幼弱

其一二父兄懼隊宗主私族於謀

而立長親於私族之謀宜立親之長者寡君與

立親之長者

其二三老曰抑天實剥乱是吾何

知焉 言天自欲乱駟氏非國所知 諺曰無過乱

門民有乱兵猶憚過之而況敢知

天之所乱今大夫將問其故抑寡

君實不敢知其誰實知之平丘之

會 在十 君尋舊盟曰無或失職若

君實不敢知其誰實知之平丘之
會在十三年若尋舊盟曰無或失職若
寡君之二三臣其即世者晉大夫
而專制其位是晉之縣鄙也何國
之為辭客幣而報其使晉人舍之
遣人報晉使楚人城州來沈尹戌曰楚
十三年吳滅州來今就城而

晉使

人必敗十三年吳滅州來今就城而取之戌莊王曾孫葉公諸梁父也昔吳滅州來在十三年子旗請伐之王曰吾未撫吾民今亦如之而城州來以挑吳能無敗乎侍者曰王施舍不倦息民五年可謂撫之

矣戌曰吾聞撫民者節用於內

王施舍不倦息民五年可謂撫之
矣戌曰吾聞撫民者節用於內而
樹德於外民樂其性而無寇讎今
宮室無量民人日駭勞罷死轉 轉遷徙也
忘寢與食非撫之也 傳言平王所以不能霸
鄭大水龍鬭于時門之外洧淵 時門鄭城門也洧水出熒陽

鄭大水龍鬬于時門之外洧淵

時門鄭城門也洧水出熒陽

密縣東南至潁川長平入潁　國人

請為禜焉子產弗許曰我鬬龍不

我覿也　覿見也　龍鬬我獨何覿焉禳

之則彼其室也　淵龍之室　吾無求於龍

亦無求於我乃止也　傳言子產之知　令

室内於自家知嗔怒市上於文色忿

尹子瑕言蹶由於楚子蹶由呉王弟五年靈王執以歸曰彼何罪諺所謂室於怒市色者楚之謂矣言靈王怒呉子而執其弟猶人忿於室家而作色於市人舍前之忿可也乃歸蹶由言楚子能用善言

用善言

經二十年春王正月曹公孫會自

鄸出奔宋　無傳背有玉帛之使所吏反來告故書鄸曹邑　莫公反一云土增反字林云夢ノ乘夢字ニ林亡忠反　秋

盜殺衛侯之兄縶張立反　齊豹作而不義故書曰盜所謂

求名而不得　冬十月宋華亥戶化反向甯華定

出奔陳　與君爭而出皆書名惡之爲路反　十有一月辛

卯蔡侯盧卒　無傳未同盟

皆書名惡之

卯蔡侯盧卒無傳未同盟而赴以名

傳二十年春王二月己丑日南至是歲

朔旦冬至之歲也當言正月己丑

朔日南至時史失閏〻更在二月

後故經因史。而書正月傳更具

於二月記南至日以正歷也梓慎

望氛氛氣也時魯侯不行登臺之礼使梓慎望氣曰今

茲宋有乱國幾亡三年而後弭蔡

登[illegible]臺之礼使梓慎望氣

兹宋有乱國幾亡三年而後弭蔡

有大喪為宋華向出奔蔡侯卒傳叔孫昭子曰

然則戴栢也戴族華氏栢族向氏汰侈無礼

已甚乱所在也傳言妖由人興貴無極言

於楚子曰建與伍奢將以方城之

外叛自以為猶宋鄭也齊晉又交

於楚子曰建與伍奢將以方城之
外叛自以為猶宋鄭也齊晉又交
輔之將以害楚其事集矣王信之
問伍奢〻〻對曰君一過多矣一過
納建妻何信於讒王執伍奢念奢切言使
城父司馬奮揚殺大子未至而使

城父司馬奮揚殺大子未至而使

遣之知大子寃故遣令去三月大子建奔宋

王召奮揚〻〻使城父人執己以

至王曰言出於余口入於爾耳誰

告建也對曰臣告之君王命臣曰

事建如事余臣不佞佞才不能苟

貳奉初命也

貳奉初以還奉初命以周旋不忍後命故遣之既而悔之亦無及也已王曰而敢來何也對曰使而失命召而不來是再奸也奸犯也逃無所入王曰歸從政如他日善其言舍使還無極曰奢之子材若在吳必憂楚國盍以

曰歸從政如他日舍使還無極曰
奢之子材若在吳必憂楚國盍以
免其父召之彼仁必來不然將為
患王使召之曰來吾免而父不來
吾殺而父棠君尚謂其弟員棠君奢之
長子尚也為棠邑大夫員尚弟子胥曰爾適吳我將
[illegible]自以知[illegible]

大夫負尚親子胥

歸死吾知不逮自以知不及負我能死爾

能報聞免父之命不可以莫之奔

也親戚為戮不可以莫之報也奔

死免父孝也度功而行仁也仁者貴成

功擇任而往知也負任勲難知死不辟

尚為倶去為

勇也父不可弃名不

擇任而往知也[illegible]知死不辟
勇也尚為勇父不可弃俱去為弃父名不
可廢俱死為廢名爾其勉之相從為愈
愈差也伍尚遂歸奢聞員不來曰楚
君大夫其旰食乎將有吳憂不得早食楚人
皆殺之員如吳言伐楚之利於州于
州于吳

皆殺之員如吳言伐之利於州于

州于吳子僚

公子光曰是宗為戮而欲反其讎不可從也

光吳公子闔廬也反復也之

員曰彼將有他志

光欲弒僚不利員用事故破其議而員點知之

余姑為之求士而鄙以待之

計未得用故進勇士以求入於光退居邊鄙

乃見鱄

鱄諸

為二十七

欲入於光退居邊鄙乃見賢遍反鱄音專

設諸焉鱄諸勇士而耕於鄙為二十七年吳弒申志反僚

傳宋元公無信多私而惡烏路反華向華

定華亥與向寧謀曰亡愈於死先

諸謂元公殺己欲先作亂華亥偽有疾以誘

羣公子公子問之則執之夏六月

丙申殺公子寅公子御戎公子

羣公子問之則執之夏六月
丙申殺公子寅公子御戎公子朱
公子固公孫援公孫丁拘向勝向
行於其廩〔公子皆公黨〕公如華氏請焉
弗許遂劫之〔劫公〕癸卯取大子欒與
母弟辰公子地以為質〔欒景公也辰及地皆
元公〕

[illegible]辰及地皆元公弟

公亦取華亥之子無慼向寧之子羅華定之子啓與華氏盟以為質為此冬華向出奔傳

衛公孟縶狎齊豹公孟靈公兄也齊豹齊惡之子為衛司寇狎輕也奪之司寇與鄄鄄豹邑有役則反之無役則取之縶足不良故有役則[illegible]

寇與鄄 邑 有役則反之無則

取之 縶足不良則故有役則 公孟惡

以官邑還豹使行

北宮喜褚師圃欲去之 喜貞子 公子

朝通于襄夫人宣姜 宣姜靈公嫡母 懼而

欲以作亂故齊豹北宮喜褚

師圃公子朝作亂初齊豹見宗魯

於公孟 薦達 為驂乘焉 為公孟行

於公孟為驂乘焉為公孟驂乘將

作亂而謂之曰公孟之不善子所

知也勿與乘吾將殺之對曰吾由

子事公孟子假吾名焉故不吾遠

言子借我以善名

故公孟親近我

雖其不善吾亦

故公孟親近我　雖其不善吾亦

知之抑以利故不能去是吾過也

今聞難而逃是僭子也　使子言不信也　子

行事乎吾將死之以周事子　周猶終竟也

而歸死於公孟其可也　丙辰衛

侯在平壽　平壽衛下邑　公孟有事於蓋

獲之門外　有事祭也　蓋獲衛

下邑公孟有事於蓋

獲之門外有事祭也蓋獲衛郭門齊子氏帷

於門外而伏甲焉齊豹之家使祝鼃寘

戈於車薪以當門要其前也使一乘從

公孟以出點如前車寘戈於薪尋其後使華齊

御公孟宗魯驂乘及閎中閎曲門中齊

御公孟宗魯驂乘及閎門中齊
氏用戈擊公孟宗魯以背蔽之斷
肱以中公孟之肩皆殺之公聞亂
乘驅自閱門入慶比御公公南楚
驂乘使華寅乘貳車公副車及公宮
鴻駵魋駟乘于公鴻駵魋從就公乘一車四人

鴻騮魋駟乘于公　乘一車四人

公載寶以出褚師子申遇公于馬

路之衢遂從公　從公　過齊氏使華

寅肉袒執蓋以當其闕　肉袒示不敢與齊氏

爭執蓋蔽公而去闕空也

以蓋當侍從空闕之處　齊氏射

公中南楚之背公遂出寅閉郭門

不欲令[illegible]踰郭[illegible]

公中南楚之背公遂出寅閉郭門

不欲令追者出

踰而從公

踰郭

公如死鳥

死鳥衛地

析朱鉏宵從竇出徒行從公

朱鉏成子黑背孫

齊侯使公孫青聘于衛

青頃公之孫

既出聞衛亂使請所聘公曰猶在竟內則衛君也乃將事焉

將事行

曰猶在竟內則衛君也乃將事焉將事行聘事遂從諸死鳥請將事辭曰亡人不佞失守社稷越在草莽吾子無所辱君命賓曰寡君命下臣於朝曰阿下執事阿比也命己使比衛臣下臣不敢貳違命也主人曰君若惠顧先

不敢貳命也主人曰君若惠顧先
君之好照臨敝邑鎮撫其社稷則
有宗祧在言受聘當在宗廟也乃止止不行聘事
衛侯固請見之欲與青相見不獲命以
其良馬見以為相見之禮為未致使故也
未致使故不敢以客禮見衛侯以為乘馬喜其敬已
故貴賓將掫掫行主人辭曰亡人

敢以客礼見衛侯以乘馬敬已（繩證反又如字）
故貴其物　賓將掫　掫行（下孟反）夜（側九反又祖侯反）主人辭曰士人
之憂不可以及吾子草莽之中不
足以辱從（才用反）者敢辭賓曰寡君之下
臣亦君之牧圉（魚呂反）也若不獲扞（乃旦反捍去當也）外役
是不有寡君也　有相親有　臣懼不免於
戾請以除死（九為反又力弔反本作　終夕与於燎）

……也（親有）臣懼不免於戾請以除死親執鐸（待洛反）終夕與於燎（設火燎以備守）齊氏之宰渠子召北宮子（北宮喜也）北宮氏之宰不與聞謀殺渠子遂伐齊氏滅之丁巳晦公入與北宮喜盟于彭水之上（喜本與齊氏同謀故公先與）秋七月戊……

[illegible]氏同謀故

公先與喜盟也秋七月戊午朔遂盟國人

八月辛亥公子朝褚師圃子玉霄

子高魴出奔晉皆齊氏黨閏月戊辰殺

宣姜與公子朝通謀故衛侯賜北宮喜謚

曰貞子賜齊氏故賜析朱鉏謚曰成子

霄從而以齊氏之墓予之皆未死

曰貞子氏故賜析朱鉏謚曰成子

胥從公故而以齊氏之墓予之皆未死而賜謚

古説
及墓田傳終ー而言之衛侯告寧于齊且言子

石子石公孫青言其有礼齊侯將飲酒徧賜

大夫曰二三子之教也喜青敬衛侯苑

何忌辭曰與於青之賞必及於其

何忌齊大夫言青若

何忌於曰與於青之賞必及於其

罰（何忌齊大夫言青若有罪亦當并受其罰）在康誥曰

父子兄弟罪不相及（尚書康誥）況在羣

臣〻不敢貪君賜以干先王（言受賜則犯康誥之義）

琴張聞宗魯死（琴張孔子弟子字子開名牢）

將往弔之仲尼曰齊豹之盜（言齊豹所

牢　將往弔之仲尼曰齊豹之盜

而孟縶之賊女何弔焉　言齊豹所以為盜孟

縶所以見賊皆由宗魯　君子不食姦　知公孟不善而

受其祿是食姦也　不受亂　許豹行事是受亂也　不為

利疚於回　疚病回邪也以利故不能去是病身於邪　不

以回待人　知難不吉是以邪待人　不蓋不義

以周事豹[illegible]以二心事[illegible]

人以非待人

以周事豹不犯非礼以二心事宋是蓋不義褻是非礼

華向之乱公子城平公子公孫忌樂舍樂舍樂喜孫司馬彊向宜向鄭宜鄭皆向戌子楚建楚平王之亡大子郳甲小邾穆公子出奔鄭八子宋大夫皆公黨辟難出其徒與華氏戰

于鬼閻八子之徒衆也潁川

干鬼閻（似廉反又似冊反）子之徒衆也潁川長平縣西北有閻亭敗子城子城適晉子城爲華氏所敗別走至晉爲明年子城以晉師至起本華亥與其妻必盥（古緩反）而食所質公子者而後食公與夫人每日必適華氏食公子而後歸華亥患

之欲歸公子向寧曰唯不信故質
其子若又歸之死無日矣公請於
華貴遂將攻華氏貴遂大司馬華氏族對曰
臣不敢愛死無乃求去憂而滋長
乎恐殺大子憂益長臣是以懼敢不聽命

乎憂益長丁丈反注及下同臣是以懼敢不聽命

公曰子死亡有命余不忍其詬詬恥許侯反本或下詬同也

冬十月公殺華向之質而攻之

戊辰華向奔陳華登奔吳登費遂之子黨華向者

向寧欲殺太子華亥曰干君

而出又殺其子其誰納我且歸之

有庸可以為使少司寇牼以歸以

[illegible]

有庸可以為功善使少司寇牼以歸以三公子歸公也牼華亥庶兄曰子之齒長矣不能事人以三公子為質必免質信也送公子歸可以自明不叛之信公子既入華牼將自門行從公門去公遽見之執其手曰余

[illegible]

疥　舊音戒梁元帝音該依字則當作痎說文云兩日一發之瘧也痎又音皆後學之徒僉以疥字為誤案傳例因事曰遂若疥已是痁疾何為復言遂痁乎

門行門去[illegible]與之乘[illegible]

知而無罪也入僕而所　而女也所言居官也

齊侯疥遂痁　痁失廉反　疾痁瘧　期而不瘳諸侯　勑留反

之賓問疾者多在　多在齊　梁丘據與

裔款　以制反　二子齊臣　言於公曰吾事鬼

神豐於先君有加矣今君疾病為

去声本說　平声ノ亡說

疥已是瘧疾何爲復言遂痁乎

神豊於先君有加矣今君疾病爲
諸侯憂是祝史之罪也諸侯不知
其謂我不敬君盍誅於祝固史嚚
以辭賓欲殺嚚固以辭謝來問疾之賓公說告晏
子々々曰日宋之盟日往日也宋盟在襄公二
十七年屈建問范會之德於趙武々々
曰夫子之家事治言於晉國

年屈建問范會之德於趙武〻

〻曰夫子之家事治言於晉國竭

情無私其祝史祭祀陳信不愧其

家事無猜其祝史不祈家無猜疑之事故祝

史無求於鬼神建以語康王楚王康王曰神

人無怨宜夫子之光輔五君以為

諸侯主也五君文襄

人無怨宜夫子之光輔五君以爲
諸侯主也五君文襄靈成景公曰據與款
謂寡人能事鬼神故欲誅於祝史
子稱是語何故對曰若有德之君
外内不廢無廢事上下無怨動無違
事其祝史薦信無愧心矣君有功德祝史
陳說之

其祝史薦信無愧心矣德祝史
陳說之無所愧是以鬼神用饗國受其福
祝史與焉與受國福其所以蕃祉老壽
者為信君使也其言忠信於鬼神
其適遇淫君外內頗邪上下怨疾
動作辟違從欲厭私使私情厭足高臺
深池撞鐘舞女斬刈民力輸掠其

動作辟違從欲厭足高臺
深池撞鍾舞女斬刈民力輸掠其
聚掠奪取也以成其違不恤後人暴虐
淫從肆行非度無所還忌還猶顧也不
思謗讟不憚鬼神ゝ怒民痛無悛
於心其祝史薦信是言罪也以實白神
是爲言

於其祝史薦信是言罪也白神

數所主反　矯居表反

是為言君之罪也

其蓋失數美是矯誣也蓋掩

於神

進退無辭則虛以求媚作虛辭以求媚　媚眉記反

是以鬼神不饗其國以禍之祝

史與焉所以夭昏孤疾者為暴君

使也其言僭嫚於鬼神公曰然則　僭子念反下僭令同　嫚武諫反

若之何對曰不可為也言非誅祝

使也其言僭嫚於鬼神公曰然則

若之何對曰不可為也言非誅祝史所能治

山林之木衡鹿守之澤之萑蒲舟

鮫守之藪之薪蒸虞候守之海之

鹽蜃祈望守之衡鹿舟鮫虞候祈望皆官名也言公

專守山澤之利不與民共縣鄙之人入從其政

偪介之關暴征其私介隔也迫近

利不與民共[illegible]

偪介之關暴征其私介隆也迫近

邊鄙既入服政役又為近關國都之關言

所於位税枉暴奪其私物承嗣

大夫強易其賄承嗣大夫世位者也布常無

藝藝法制也言

布政無法制徵斂無度宮室日

更淫樂不違違去也內寵之妾肆奪

於市肆放外寵之臣僭令於之鄙詠

[illegible][illegible]其不足也　內寵之妾肆奪
於市肆放也外寵之臣僭令於鄙詐為
教令於邊鄙私欲養求不給則應養長也所
求不給則應之以罪民人苦病夫婦皆詛祝
有益也詛亦有損聊攝以東聊攝齊西
界也平原聊城縣東北有攝城姑尤以西姑尤齊東界也
姑水尤水皆在城[illegible]

縣東北有備城姑尤[illegible]東界也

姑水尤水皆在城陽郡東南入海

其為人也多矣雖其善祝豈能勝億兆人之詛

曰億十億曰兆

君若欲誅於祝史脩德而後可

公說使有司寬政毀關去禁

起呂反下以一其否同

薄斂已責

除責逋　本又作債同

十二月齊侯田于沛

言莊[illegible]行

招虞人以[illegible]不進

古本勘物　除責逃人之邦也

薄斂已責責　十二月齊侯田于

沛言狩於行獵沛澤名　招虞人以弓不進虞人

掌人掌山澤之官　公使執之辭曰昔我先

君之田也旃以招大夫弓以招士

皮冠以招虞人臣不見皮冠故不

敢進乃舍之仲尼曰守道不如守

官　君招當往道之常也非

仲尼曰守道不如守官招當往道之常也非物不進官之制也君子韙之韙是也齊侯至自田晏子侍于遄臺子猶馳而造焉子猶梁丘據公曰唯據與我和夫晏子對曰據亦同也焉得為和公曰和與同異乎對曰

焉得為和公曰和與同異乎對曰

異和如羹焉水火醯醢鹽梅以烹

魚肉燀之以薪〔燀炊也〕宰夫和之齊

之以味濟其不及以洩其過〔濟益也洩

減也〕君子食之以平其心君臣亦然〔亦如

羹〕君所謂可而有否焉〔否不可也〕臣

[illegible]〔獻君之心否〕

羹

君所謂可而有否焉可也臣

獻其否以成其可獻君之心否以成君可君

所謂否而有可焉臣獻其可以去

其否是以政平而不干民無爭心

故詩曰亦有和羹既戒既平詩頌殷中

和齊 並如字一讀上戶臥反下才細反

宗言中宗能與賢者和齊可否其

政如羹敬戒且平和羹備五味異

於大羹 [illegible] 鬷總也

並如字一讀上户節反下才細反

五聲　宮為君商為臣角為民徵為事

政。如羹。敬戒且平。和羹備五味，異於大羹。鬷嘏無言，時靡有爭。鬷，總也。嘏，大也。言總大政能使上下皆如和羹。先王之濟五味，濟，成也。和五聲也，以平其心，成其政也。聲亦如味，一氣，須氣以動。二體，舞者有文武。三類，風雅頌。四物，雜用四方之物以成器。五聲，宮商角

六律，黃鍾大蔟姑洗蕤賓

七音宮為君商為臣角為民徵為事羽為物
七音宮商角徵羽變宮變徵也

……頌……物以成器……
宮商角六律黃鍾大蔟姑洗蕤賓
徵羽夷則無射也陽聲為
律陰聲為呂此周武王伐紂
呂此十二月氣七音自午及子凡
七日王曰此以數合之以聲昭之
故以七同其數以律和其聲謂之
七八方九功之德皆可
音八風之風九歌歌也六府三事
謂之言此九者合然
九功以相成也後相成為和樂清

九功之和成也後相成為和樂六

濁小大短長疾徐哀樂剛柔遲速

高下出入周疏以相濟也（周密也）君

子聽之以平其心心平德和故詩

曰德音不瑕（詩豳風也義取心平則德音無瑕闕也）

今據不然君所謂可據亦曰可君

所謂否據亦曰否若以水濟水誰

今據不然君所謂可據亦曰可君
所謂否據亦曰否若以水濟水誰
能食之若琴瑟之專壹誰能聽之
如字壹過本亦作搏音
同之不可也如是飲酒樂公曰古
而無死其樂若何晏子對曰古而
無死則古之樂也君何得焉昔爽
爽鳩氏以皐

無死則古之樂也君何得焉昔爽
鳩氏始居此地爽鳩氏少皞氏之司寇也季前
陵
因之季前虞夏諸侯代爽鳩氏者也有逢伯陵因
之逢伯陵殷諸侯姜姓也蒲姑氏因之蒲姑氏殷周之
間代逢公者也而後大公因之古者無死
爽氏之樂
一本作爽樂之
爽鳩氏之樂非君所願也齊侯甘於所樂
志於不死晏子稱

[illegible]於所樂（一本作樂之）

志於不死晏子稱古以節其情願

鄭子產有疾謂

子大叔曰我死子必為政唯有德

者能以寬服民其次莫如猛夫火

烈民望而畏之故鮮死焉水懦弱

民狎而翫之狎輕也則多死焉故寬

難疾數月而卒大叔為政不

難難以治疾數月而卒大叔為政不

忍猛而寛鄭國多盗取人於萑苻

之澤萑苻澤名也於澤中劫人也大叔悔之曰

吾早從夫子不及此興徒兵以攻

萑苻之盗盡殺之盗少止仲尼曰

盡之 本或作盡殺之 殺衍字

（盡之　本或作盡殺之殺衍字）

萑苻之盜盡殺之盜少止仲尼曰

善哉政寬則民慢慢則糾之以猛

糾猶攝也猛則民殘殘則施之以寬寬

以濟猛猛以濟寬政是以和詩曰

（訖）

民亦勞止汔可小康惠此中國以

綏四方施之以寬詩大雅汔其也康綏皆安也周

厲王暴虐民勞於苛政詩

綏四方施之以寛 康綏皆安也周厲王暴虐民勞於苛政故詩人刺之欲其施之以寛也 毋從詭隨 詭詭人隨人無正心不可從也 以謹無良 謹勅慎也 式遏寇虐慘不畏明糾之以猛也 式用也遏止也慘曾也言為寇虐曾不畏明法者亦當用猛政糾治之 柔遠能邇以定我王平之以和也 柔安也邇近也遠者懷附近

之柔遠能邇以定我王平之以

和也柔安也邇近也遠者懷附近者各以能進則王室定也

又曰不競不絿不剛不柔詩殷頌言湯政得中和競强也絿急也布政優優百祿是遒優優和也遒聚也

和之至也及子產卒仲尼聞之出涕曰古之遺愛也子產見愛有古人之遺

愛有古人之遺風也才元

經二十有一年春王三月葬蔡平公

夏晉侯使士鞅来聘晉頃公即位通嗣君也才元

宋華亥向寧華定自陳入于宋南里以叛自外至故曰入披劫其邑故故曰叛南里宋城内里名

里以叛故曰叛南里宋城內里名

秋七月壬午朔日有食之八月乙

亥叔輒卒叔弓之子伯張也冬蔡侯朱出

奔楚朱為太子則共位遂微弱為國人所逐故以自出為文也

公如晉至河乃復晉人辭公故還也

傳二十一年春天王將鑄無射周景王也

無射鐘名律中……

傳二十一年春天王將鑄無射無射鍾名律中無射也泠州鳩曰王其以心疾死乎泠樂官也州鳩其名也夫樂天子之職也職所主也夫音樂之輿也樂因音而行也而鍾音之器也音由器以發也天子省風以作樂省風俗作樂以移之器以鍾之鍾聚也以器聚……樂須音……

鬐器聚音也輿以行之樂須音而行也小者不窕窕細不滿大者不槬槬橫大不入也則和於物

槬

ゝ和則嘉成嘉樂成也故和聲入於耳

而藏於心ゝ億則樂億安也窕則不

咸不充滿人心如字本或作感戶暗反槬則不容心不堪容也心是

以感之實生疾今鐘摦矣王心弗

堪其能久乎為明年天王崩傳三月葬蔡

平公蔡大子朱失位々在卑不在適子

位以長幼齒也大夫送葬者歸見昭子々

問蔡故以告昭子歎曰蔡其亡

子問蔡故以告昭子歎曰蔡其亡
乎若不亡是君也必不終詩曰不
解（佳賣反）于位民之攸塈（許器反）詩大雅也塈息也今蔡
侯始即位而適卑身將從之為蔡侯朱
出奔傳也夏晉士鞅來聘叔孫為政叔孫
昭子以三命為國政也季孫欲惡（烏路反）諸晉惛叔孫在
已上位欲使[illegible]

為國故也季孫欲惡諸晉孫在己上位欲使得罪於晉使有司以齊鮑國歸費之禮為士鞅鮑國歸費在十四年牢禮各如其命數魯人失禮敝為鮑國七牢士鞅怒曰鮑國之位下其國小而使鞅從其牢禮是卑敝邑也將復諸寡君魯人恐加

傳言魯不能以

卑敝邑也將復諸寡君魯人恐加四牢焉為十一牢傳言魯不能以禮事大國也且為哀七年吳徵百牢起也宋華費遂生華貙華多僚華登貙為少司馬多僚為御士公御士也與貙相惡乃譖諸公曰貙將納亡人亡人華亥等也亟言之公曰

貙將納亡人亥等也亟言之
司馬以吾故亡其良子司馬謂費遂為大司馬也良子謂華登也死亡有命吾不可以再
亡之對曰君若愛司馬則如亡言若愛大司馬則當亡走共國也死如可逃何遠之
有言亡可以逃死勿慮其遠以恐動公也公懼使侍
人召司馬之侍人宜僚飲之酒而

其速以怨勤公也

人召司馬之侍人宜僚飲之酒而　於鴆反下同

使告司馬　告司馬使　司馬歎曰必

多僚也　遂貙也　吾有讒子而弗能殺吾又

不死抑君有命可若何乃與公謀

逐華貙將使田孟諸而遣之公飲

之酒厚酬之賜及從者

遂華貙將使田孟諸而遣之公飲
之酒厚酬之酬酒幣也賜及之從者司
馬亦如之亦如亦賜張匄尤之張匄華貙臣也
尤怪賜之厚也曰必有故使子皮承宜僚
以劍而訊之子皮華貙也訊問也宜僚盡以
告告欲曰田以遣之也張匄欲殺多僚子皮
言登士傷

□以遣之也張匄欲殺多僚子皮

曰司馬老矣登之謂甚　言登亡傷司馬心已

甚吾又重之不如亡也五月丙申

子皮將見司馬而行則遇多僚御

司馬而朝張匄不勝其怒遂與子

子皮臼任鄭翩殺多僚　任翩亦貙家臣也

劫司馬以叛而召亡人

家臣也

劫司馬以叛而召亡人壬寅華向

入欒大心豐愆華牼禦諸橫梁國睢陽

縣南有橫亭也華氏居盧門以南里叛盧門

宋東城南門也六月庚午宋城舊鄘及桑

林之門而守之舊鄘故城也桑林城門名秋七

月壬午朔日有食之公問於梓愼

林之門而守之桑林城門名秋七

月壬午朔日有食之公問於梓慎

曰是何物也禍福何為物事也對曰

本二至冬夏至也二分春秋分也

二至二分二至冬至夏至二分春分秋分日有食

之不為災日月之行也分同道也

至相過也二分日夜等故言同道二至長短極故相過也

至相過也二至長短極故相過也

其他月則為災陽不克也故常為水陰侵陽是陽不勝陰於是叔輒哭日食意在於憂災也昭子曰子叔將死非所哭也

八月叔輒卒冬十月宋華登以吳

師救華氏登前年奔吳也齊烏枝鳴戍宋

烏枝鳴……濮宋廚

[illegible]奔吳也[illegible]

烏枝鳴齊大夫厨（直誅反）人濮曰濮宋厨邑大夫軍志有

之先人有奪人之心後（戸豆反）人有待其

衰盍（戸臘反）及其勞且未定也伐諸若

入而固則華氏衆矣悔無及也從

之丙寅齊師宋師敗吳師于鴻口

梁國睢陽縣[illegible]

之丙寅齊師宋師敗吳師于鴻口梁國睢陽縣東有鴻口亭獲其二帥公子苦雒偃

州員二帥吳大夫也華登帥其餘吳餘師也以

敗宋師公欲出廚人濮曰吾小

人可藉死可借使死難也而不能送亡君

請待之請君待彼戰勝負也乃徇曰揚徽

言[illegible]之戰必勝[illegible]也[illegible]

者公徒也徽識衆從之必自揚門

見之見國人皆揚徽也陽正東門名揚門也下而巡

之曰國亡君死二三子之恥也豈

專孤之罪也齊烏枝鳴曰用少莫

如齊致死齊致死莫如去備備長兵也

彼多兵矣請皆用劍從之[illegible]

如齊致死齊致死莫如去備　去備……兵也

彼多兵矣請皆用劍從之華氏北

復即之　比敗走也　廚人濮以裳裹首而

荷以走曰得華登矣遂敗華氏于

新里　新里華氏所取邑也　翟僂新居于新里

既戰說甲于公而歸　居華氏地而助公戰也

華妵居于公里亦如之　妵華氏族

既戰說甲於公而歸助公戰也

華姓居于公里亦如之姓華氏族故助華氏

亦如僂新說甲歸傳言古之為軍不皆小忿也

十一月癸未公子城以晉師至城以前年奔晉今還救宋也

曹翰胡曹大夫也會晉荀吳中行穆子齊苑何忌齊大夫衛公子朝前年出奔晉今還衛救宋丙戌與華氏戰于赭丘

救宋丙戌與華氏戰于赭丘赭丘宋地

也鄭翩願為鸛其御願為鵞鄭翩華氏黨鸛鵞皆陳名也子祿御公子城莊菫為右子祿向宜也干犨御呂封人華豹張匄為右呂封人華豹華氏黨也相遇城還華豹曰城也城怒而反之怒其呼己

（華氏黨也）

豹曰城也城怒而反之（怒其呼己反還鬭也）

將注豹則關矣（注傅矢關）曰平公（之樹反）（烏環反本又作彎引弓也）

之靈尚輔相余（息亮反）（平公之子城之父也）豹射出

其間（出子城子祿之間也）將注則又關矣曰

不狎鄙（狎更）抽矢（豹止不射也）城射之

殪（豹死）張匄抽殳而（殳長丈二）

不狎鄙……射也……城射之

殪豹死張匄抽殳而下殳長丈二一計反也在車邊

射之折股扶伏而擊之折軫車軫折城也

又射之死匄死干犫請一矢求死

城曰余言女於君欲活之對曰不死

伍乘軍之大刑也同乘共伍當皆死也干刑

繩證反注及下同　當皆死也

而從子君焉用之子速諸乃射之

殪犨死也大敗華氏圍諸南里華亥

搏膺而呼見華貙曰吾為欒氏矣

晉欒盈還入作乱而死事在襄二十三年貙曰子無我

迋不幸而後亡迋恐也使華登如楚

[illegible]而[illegible]也　使華登如楚

乞師華貙以車十五乘徒七十人

犯師而出　犯出師出送華登也　食於睢上哭

而送之乃復入　入南里也　楚薳越帥師

將逆華氏大宰犯諫曰諸侯唯

宋事其君今又爭國釋君而臣是

助無乃不可乎王曰而告我也後

宋事其君今又爭國釋君而臣是

助無乃不可乎王曰而告我也後

既許之矣為明年華向出奔楚傳也蔡侯朱出

奔楚費無極取貨於東國東國隱太子之

子平侯廬之弟朱父也而謂蔡人曰朱不用

命於楚楚王將立東國若不先從

命於楚君王將立東國若不先從
王欲楚必圍蔡蔡人懼出朱而立
東國朱愬于楚楚子將討蔡無極
曰平侯與楚有盟故封盟于鄧依陳蔡人以
國其子有二心故廢之子謂朱也靈王
殺隱大子其子與君同惡德君必

殺隱大子其子與君同惡德君必
甚又使立之不亦可乎且廢置在
君蔡無他矣言權在楚則蔡無他心也公如晉
及河鼓叛晉叛晉屬鮮虞也晉將伐鮮虞
故辭公將有軍事無暇於待賓且懼泄軍謀也息列反又以制反

汲本

經二十有二年春齊侯伐莒宋華亥

經二十有二年春齊侯伐莒宋華亥
向寧華定自宋南里出奔楚言自南里
別從國去者大蒐于昌間傳無夏四月乙
丑天王崩六月叔鞅如京師葬景
王叔鞅叔弓子三月而葬亂故速王室亂承叔鞅言
而書之未知誰是故但曰亂也劉子單子以王猛
河南鞏縣西南有黄亭準

是故但曰乱也劉子單子以王猛
居于皇河南鞏縣西南有黄亭辟子朝難出居皇王猛書名
未即位也秋劉子單子以王猛入于王
城王城郟鄏今河南縣也晉助猛故得還王都也冬十月
王子猛卒未即位故不言崩也十有二月癸
酉朔日有食之無傳此月有庚戌又以長曆推校前
後當為癸卯

又以長曆推校前

後當為癸卯朔書癸酉誤

傳

二十二年春王二月甲子齊北郭啓帥師伐莒啓齊大夫北郭佐之後也莒子將戰苑羊牧之諫牧之莒大夫也曰齊帥賤其求不多不如下之大國不可怒也弗聽敗齊師于壽余莒地齊侯伐

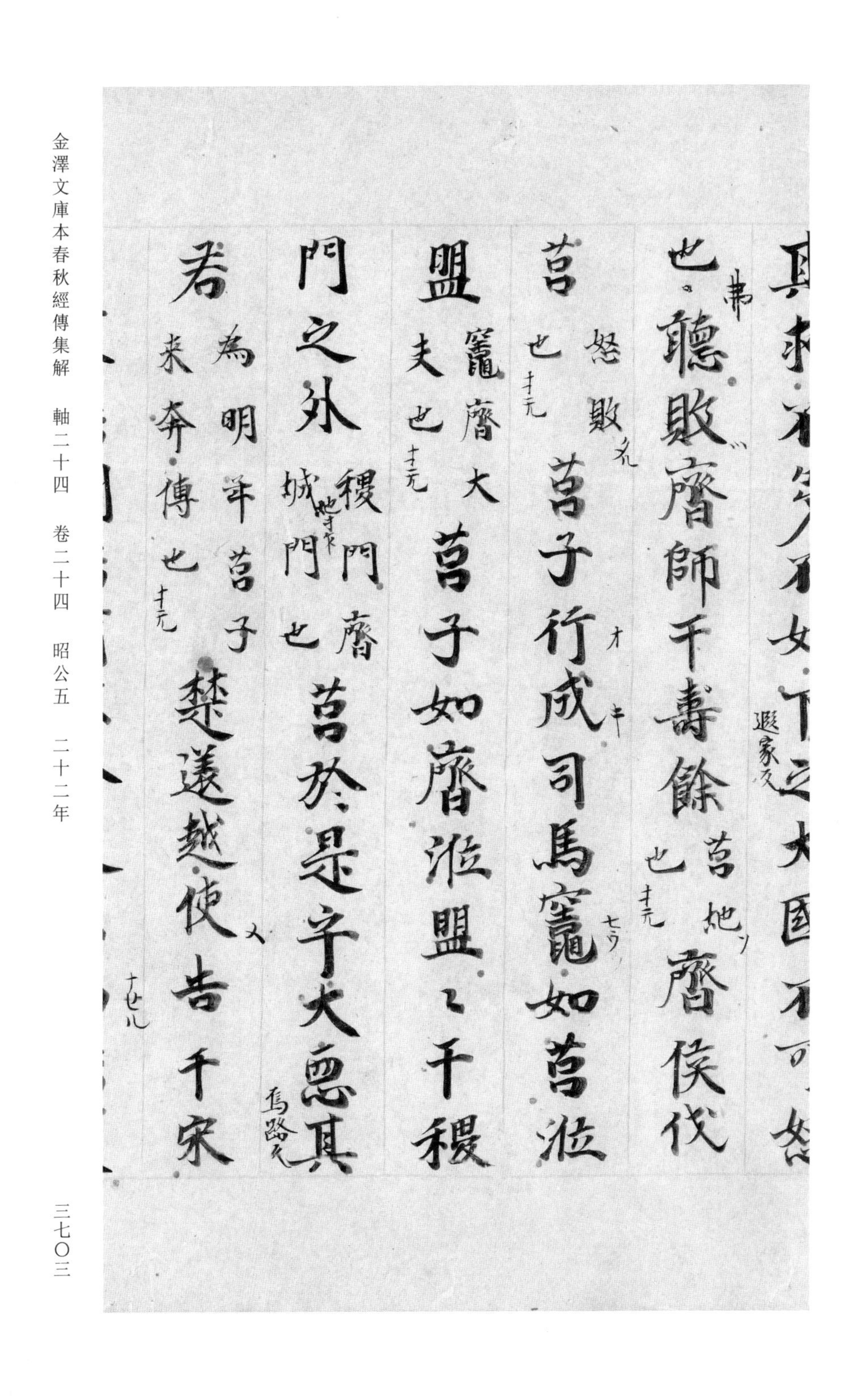

其求不多不如下之大國不可怒

也弗聽敗齊師于壽餘莒地也齊侯伐

莒怒敗也莒子行成司馬竈如莒涖

盟竈齊大夫也莒子如齊涖盟〻于稷

門之外稷門齊城門也莒於是乎大惡其

君為明年莒子來奔傳也楚薳越使告于宋

為來奔傳也楚薳越使告于宋

曰寡君聞君有不令之臣為君憂

無寧以為宗羞無寧寧也言華氏為宋宗廟之羞恥

寡君請受而戮之對曰孤不佞

不能媚於父兄華向公族也故稱父兄也以為

君憂拜命之辱抑君臣日戰君曰

余必臣是助亦唯命人有言曰唯
乱門之無過若若惠保敝邑無亢
不衷以獎乱人孤之望也唯君圖
之楚人患之患宋以義非之諸侯之戍謀
曰若華氏知困而致死楚恥無功

曰若華氏知困而致死楚恥無功
而疾戰非吾利也不如出之以爲
楚功其亦能無爲也已言華氏不能復爲宋
患也救宋而除其害又何求乃固請
出之宋人從之己巳宋華亥向寧
華定華貙華登皇奄傷省臧士平
華貙以下五子

華定華貙華登皇奄傷省臧士平
出奔楚　華貙以下五子子不書非卿也　宋公使公
孫忌為大司馬　代華費遂也　邊卬為大
司徒　卬平公曾孫代華定也　樂祁為司城　祁子
罕孫樂祁禪也　仲幾為左師　幾仲江之孫也代向寧
樂大心為右師　代華亥也　樂輓為大司
寇　輓子罕[illegible]終[illegible]慎之言

樂大心為右師亥也樂輓為大司
寇輓子罕孫也以靖國人終梓慎之言三年而後彌
王子朝賓起有寵於景王子朝景王之長
庶子賓起子朝之傅也王與賓孟說之欲立
之孟即起也王語賓孟欲立子朝為太子也劉獻公之
庶子伯蚠事單穆公獻公劉摯伯蚠劉狄穆公
單旗

[illegible]之[illegible]人[illegible]劉[illegible]鉏狄穆公
單旗也

惡賓孟之為人也願殺之又

惡王子朝之言以為亂願去之子朝

有欲位之言
一本位下立

有欲位之言故劉蚠惡之賓孟適郊見雄雞自

斷其尾問之侍者曰自憚其犧也

畏其為犧牲奉宗廟故自殘毀也遽歸告王且曰

雞其憚為人用乎人異於是雞犧

廟故自殘毀也

雞其憚為人用乎人異於是雞犧雖見寵飾然卒當見殺若人見寵飾則當貴盛故言異於雞也

犧者實用人人

犧實難己犧何害言設使寵人如寵犧則不宜僞人以犧禍難使犧在己則無患害己喩子朝欲使王早寵異之

王

弗應十五年大子壽卒王立子猛後復欲立子朝而未定又賓孟感雞盛稱子朝王

[illegible][illegible]後復欲立子朝而未定賓孟感雞盛稱子朝王心許之故不應也夏四月王田北山使公卿皆從將殺單子劉子北山洛北芒也王知單劉不欲立子朝欲因田獵先殺之王有心疾乙丑崩于榮錡氏四月十九日也南鞏縣西有榮錡澗也戊辰劉子摯卒二十二日也無

[illegible]

澗也古晏反
丙辰劉子摯卒日也無
子單子立劉蚠蚠事單子故也五月庚辰
見王見王猛也賢遍反注同遂攻賓起殺之黨子朝故也
盟羣王子于單氏王子猛次正故單劉立之懼諸王子或黨子朝故盟之也
晉之取鼓也在十五年
既獻而反鼓子焉獻於廟也又叛於鮮

[illegible]獻而反鼓子焉廟也又叛於鮮

虞叛晉屬鮮虞也六月荀吳略東陽略行也東

陽晉之山東邑也魏郡廣平以北也使師偽糴者負

甲以息於昔陽之門外昔陽故肥子所都也

遂襲鼓滅之以鼓子鳶鞮歸使涉

佗守之守鼓之地涉佗晉大夫也丁巳葬景

佗徒多反守　晉大夫也之　丁巳葬景
王子朝因舊官百工之喪職秩　息浪反下注厗内
者與靈景之族以作乱　百工百官也靈王景
王之子孫也　帥郊要一遥反餞賤淺反之甲　三邑周地　以逐
劉子　遂伯蚠也　壬戌劉子奔揚　揚周邑也　單
子逆悼王于莊宮以歸　悼王子猛也　王
王子還子

之逆悼王于莊宮以歸　猛也

子還夜取王以如莊宮　王子還子朝黨也不欲使單子得王猛故取之

癸亥單子出　失王故出奔也

王子還與召莊公謀　莊公召伯奐子朝黨也

曰不殺單旗不捷　旗單子也　與之重盟

必來背盟而能克者多矣從之　從還謀

樊頃子曰非言也必不克　頃子

必來背盟而克者多矣從之還謀也樊頃子曰非言也必不克頃子樊齊單劉黨也遂奉王以追單子王子還奉王也及領大盟而復領周地也欲重盟令單子劉子復歸也殺摯荒以說委罪於荒也劉子如劉歸其采邑也單子亡乙丑奔于平畤平畤周地

知王子還欲背

奔于平時　市一本作于平時下同本

奔于平畤市止反本作于平時下同本或作平壽誤

也

周地

知王子還欲背盟故士走也

羣王子追之單子

殺還姑發弱鬷延定稠八子靈景之族曰戰而殺之也

子朝奔京其黨死故也

丙寅伐之單子伐京也

京人奔山劉子入于王城子朝奔京故得入也

辛未鞏簡公敗績于京

故得入也

乙亥甘平公亦敗焉甘草二公周卿士皆為子朝所敗也叔鞅至自京師葬景王還也言王室之亂也經所以書也閔馬父曰子朝必不克其所與者天所廢也閔馬父閔子馬魯大夫也天所廢謂羣喪職秩者也單子欲告急於

謂羣喪職秩者也單子告急於晉秋七月戊寅以王如平時遂如圃車次于皇出次以示急也戊寅七月三日也經書六月誤也劉子如劉單子使王子處守于王城王子處子猛黨守王城距子朝也盟百工于平宮平宮平王廟也辛卯鄩肸伐皇鄩肸子朝黨

王廟也　尋許乃反　子朝
黨也
大敗獲鄩肸壬辰焚諸王城之
市　焚鄩肸也　八月辛酉司徒醜以王師敗
績于前城　醜悼王司徒也　前城子朝所得邑也　百工
叛　司徒醜敗也　己巳伐單氏之宮敗焉
百工伐單氏為單氏所敗也　庚午反伐之　單氏反伐
百工　百工所在也洛

單氏所敗也庚午反伐

百工也

辛未伐東圉魚呂反百工所在也洛陽東南有圉鄉

也冬十月丁巳晉籍談荀躒力狄反下帥九

州之戎九州戎陸渾戎也十七年滅屬晉州鄉屬也五州為

鄉也及焦瑕溫原之師焦瑕溫原以晉四邑也

納王于王城丁巳在十月經書秋誤也庚申單

子劉蚠以王師敗績于郊為子朝

納王于王城經書秋誤也庚申單子劉蚠以王師敗績于郊為子朝之黨所敗也前城人敗陸渾于社前城子朝衆社周地也十一月乙酉王子猛卒乙酉在十一月經書十月誤也雖未即位周人謚曰悼王也不成喪也釋所以不稱王崩也己丑敬王即位敬王王子猛母弟王館于子旅氏子旅周大夫

稱王崩也。己丑，敬王即位，子猛母
弟王子匄。館于子旅氏。子旅，周大夫也。十二月
庚戌，晉籍談、荀躒、賈辛、司馬督，司馬
爲也。帥師軍于陰，籍談所軍也。于侯氏，荀躒
所軍也。于谿泉，賈辛所軍也。鞏縣西南有明谿泉也。
次于社，司馬督所次也。王師軍于汜，于解，
次于任人，王師分在三邑也。洛……閏

次于社郊次也王師軍于氾于解次于任人王師分在三邑也洛陽西南有大解小解閏月晉箕遺樂徵右行詭濟師取前城三子晉大夫也濟師渡伊洛軍其東南王師軍于京楚辛丑伐京毀其西南京楚子朝所在也

在
世
（朱）

春秋卷第二十四　經七千一百六十五字
注四千四百三十七字

本云
文永二年四月廿九日以清大外記
本加點校了
又本云
本云
治承五年六月八日校良業了
在判

治承五年六月八日授良業了　在御判

元暦元年五月廿日午刻重受御

説了　主水正良業

建保二年八月八日以家説授仲宣

了　散班　在御判

正嘉三年正月十二日書寫了　散位　在判

同年同月卅日授點了雖一字半點

不借他人之手者也

従五位下行筑後介清原眞人　在判

文永五年十月七日以朱訖
大夫本一校畢　奥書同
文永六年八月十五日以累家秘
説奉授越後次郎尊閤了
音博士清原（花押）

攙之畢ゝ于時無永書許己丑孟夏

下旬之候　桐之醉醒師ゝ主　老書

左傳集解
廿五

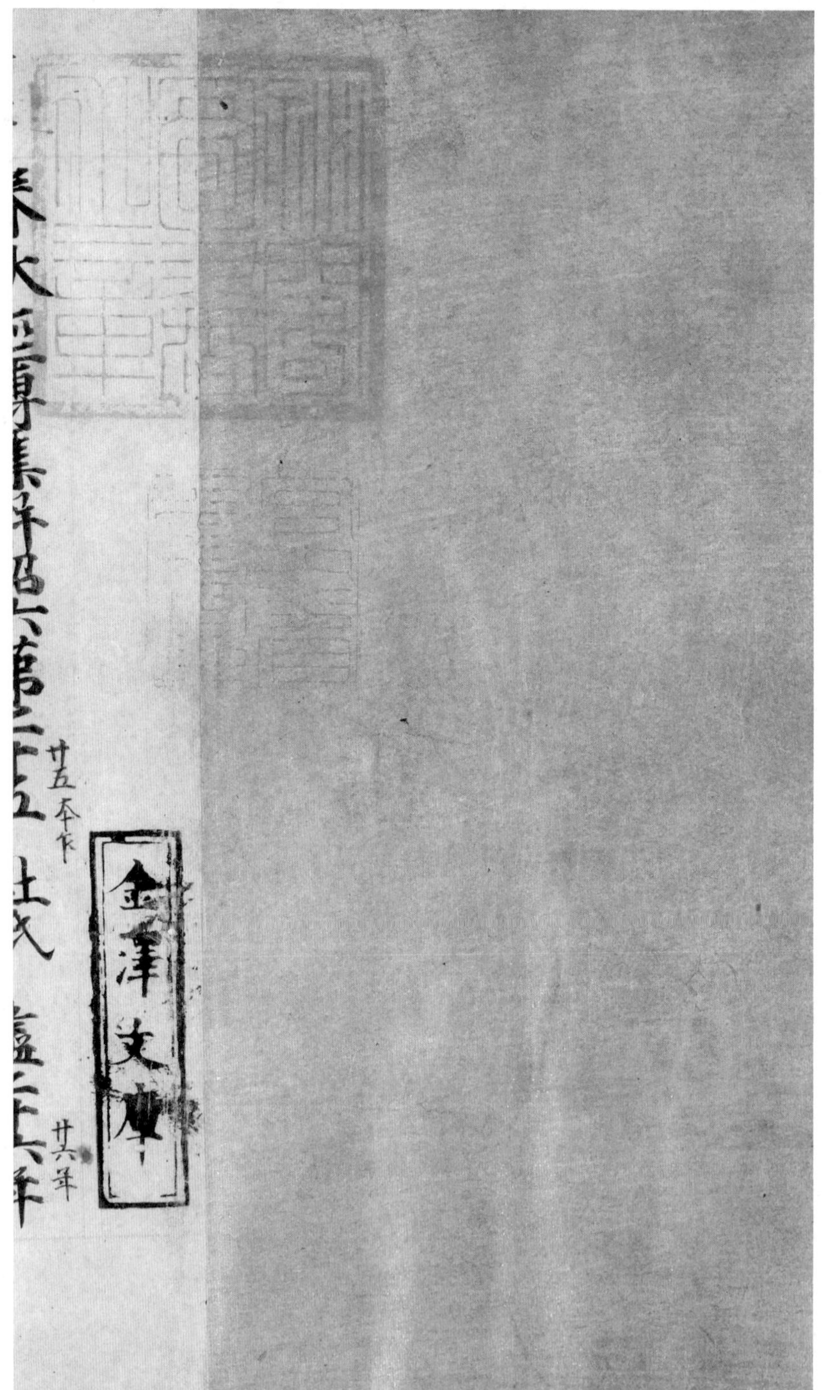

春秋經傳集解昭六第二十五　杜氏　盡二十六年

經二十有三年春王正月叔孫婼如

晉謝取邾師婼也癸丑叔鞅卒　傳　晉人執

我行人叔孫婼稱行人譏晉執使人也晉人

圍郊討子朝也郊周邑圍郊在

我行人叔孫婼言使人也晉人

圍郊討子朝也郊周邑圍郊在夏

叔鞅卒前經書後從赴也

六月蔡侯東國卒于楚無傳未同盟而赴以名

也秋七月莒子庚輿來奔戊辰吳

敗頓胡沈蔡陳許之師于雞父不書

楚〻不戰也雞父楚地也胡子髡

安豐縣南有雞備亭也

國雖存君

玄孫　正義依世本

安豐縣南有雞備亭也　胡子髡
沈子逞滅國雖存君獲陳夏齧大
死曰滅也　夫
死生通獲夏齧天王居于狄泉敬
徵舒玄孫也　王
辟子朝也狄泉今洛陽城內　尹氏
大倉西南池水也時在城外
立王子朝　尹氏周世卿也書尹氏
立子朝明非周人所欲
立
也　八月乙未地震冬公如晉至河
有疾乃復

也

有疾乃復

傳二十三年春王正月壬寅朔二師圍郊二師王師晉師也王師不書不以告也癸卯郊鄩潰河南鞏縣西南有地名鄩中郊鄩二邑皆子朝所得也

丁未晉師在平陰王師在澤邑平陰今河陰

子朝敗

丁未晉師在平陰王師在澤邑陰

今河陰縣也王使告間子朝間敗也庚戌還

晉師還也邾人城翼翼邾邑也還將自離姑

離姑邾邑從離姑則道徑魯之武城公孫鉏曰魯將

禦我鉏邾大夫也欲自武城還循山而

南至武城而還依山南行不欲過武城徐鉏丘弱茅

三子邾

南行不欲過武城

地三子邾大夫也曰道下遇雨將不出是

不歸也謂此山道下濕也遂自離姑遂過武城

也武城人塞其前以兵塞其前道也斷其

後之木而弗殊如字說文云死也一曰斷也邾師過之乃推而

蹷其月反又音厥又居衛反之遂取邾師獲鉏弱地取邾師不書非

公命

其用反又方廢反長諱反

公命邾人愬于晉〻人來討叔孫

也

婼如晉〻人執之書曰晉人執我

行人叔孫婼言使人也嫌内外異故重發傳

也

晉人使與邾大夫坐坐訟曲直也叔

孫曰列國之卿當小國之君固周

制也在礼卿得會伯子男邾又夷

孫曰列國之卿當小國之君固周
制也在禮卿得會伯子男故曰當小國之君也邾又夷
也邾雜有東夷之風也寡君之命介子服回
在子服回魯大夫為叔孫之介副也請使當之不
敢廢周制故也乃不果坐韓宣子
使邾人聚其衆將以叔孫與之與邾
使亂……亦

使邾人聚其衆將以叔孫與之邾使執之也叔孫聞之去衆與兵而朝示欲以身死死之也士彌牟謂韓宣子彌牟士景伯也曰子弗良圖而以叔孫與其讎叔孫必死之魯亡叔孫必亡邾〻君亡國將焉歸時邾君在晉若亡國無所歸將益晉憂也

亡國將焉歸無所歸將益晉憂也

子雖悔之何及所謂盟主討違命

也若皆相執焉用盟主聽邾衆取叔孫是為

諸侯皆得輙相執也乃弗與使各居一館分別

叔孫子服回也士伯聽其辭而愬諸宣子

乃皆執之二子辭不屈故士伯愬而執之也士伯

御叔孫從者四人過邾館以如吏

伯翻而執之也

御叔孫從者四人過邾館以如吏欲使邾人見叔孫之屈辱也先歸邾子士伯曰以芻蕘之難從者之病將館子於都都別都也謂箕也叔孫旦而立期焉命也從旦至旦為期也乃館諸箕舍子服昭

古本云從者非孫之從者也

期今文作朞同居其反從旦至旦為朞

且旃明也

伯於他邑別之也因范獻子求貨於叔

孫使請冠焉以求冠為辭也取其冠法而

與之兩冠曰盡矣既送作冠模法又進二冠以與

之偽若不解其意也為叔孫故申豐以貨如

晉欲行貨以免叔孫也叔孫曰見我吾告女

留申豐不使得

之免叔孫也

所行貨見而不出留申豊不使得出不欲以貨免之也吏人之與叔孫居於箕者請其吠狗弗與及將歸殺而與之食之示不愛也叔孫所館者雖一日必葺其牆屋葺補治也去之如始至不以當去而有所毀

壊

敬王黨　單子劉子　取屬子朝三邑

[illegible]治也[illegible]女[illegible]而有所毀嫌也

夏四月乙酉單子取訾劉子取牆人直人三邑屬子朝者也訾在河南鞏縣西南也六月壬午王子朝入于尹氏自京入尹氏之邑也

癸未尹圉誘劉佗殺之尹圉尹文公也劉佗劉蚠族敬王黨也丙戌單子從阪道劉

敬王黨也
子從尹道伐尹單子先至而敗劉
子還單子敗敬也己丑召伯奐南宮極
以成周人戍尹二子周卿士子朝黨奐召莊公子也
庚寅單子劉子樊齊以王如劉辟子朝出居劉子邑也
甲午王子朝入于王城

子邑也甲午王子朝入于王城

次于左巷近東城也秋七月戊申鄩羅

納諸莊宮鄩羅周大夫尹辛敗劉

師于唐尹辛君氏族也唐周地也丙辰又敗諸

鄩甲子尹辛取西闈西闈周地也丙寅

攻蒯蒯潰河南縣西南蒯鄉是也於是敬王居狄泉尹氏

立子

攻蒯潰於是敬王居狄泉尹氏
立子朝也莒子庚輿虐而好劍苟鑄劍
必試諸人國人患之又將叛齊烏
存帥國人以逐之烏存莒大夫也庚輿將
出聞烏存執殳而立於道左懼將
止死殳長丈二而无刃也苑羊牧之曰君過
之牧之亦莒烏存以力聞可矣何

而无刃也

之牧之亦莒大夫也烏存以力聞可矣何

必以弒君成名遂来奔齊人納郊

公郊公著丘公之子也十四年奔齊也吳人伐州来

楚薳越帥師令尹以疾從戎故薳越攝其事也及

諸侯之師奔命救州来吳人禦諸

鍾離子瑕卒楚師熸子瑕即令尹

無復　杖文亦下注　往〻敗〻增脩内

諸侯之師奔命救州來吳人禦諸
鍾離子瑕卒楚師熸（子僭反字林子廉反）子瑕即令尹
不起所疾也
吳楚之間謂火滅為熸軍之重
主喪亡故其軍人无復氣勢也吳
公子光曰諸侯之從於楚者衆而
皆小國也畏楚而不獲已是以來
吾聞之曰作事威克其愛雖小必
濟克勝也軍……

吾聞之曰作事威克其愛雖小必濟（克勝也軍事尚威也）胡沈之君幼而狂（性无常也）陳大夫齧壯而頑頓與許蔡疾楚政楚令尹死其師熸帥賤多寵政令不壹（帥賤遠越非正卿也軍多寵人政令不壹於越也）七國同役而不同心（七國楚頓胡沈蔡陳

也　七國同役而不同心　頓胡沈蔡陳許也　帥賤而不能整無大威命楚可敗也若分師先以犯胡沈與陳必先奔三國敗諸侯之師乃搖心矣諸侯乖乱楚必大奔請先者去備薄威　示之以不整以誘之也　後者敦陳整　直觀反下同　旅　敦厚

[illegible][illegible][illegible]以誘之也後者敦陳整 直覲反下未〻并往同
旅敦厚也吳子從之戊辰晦戰于雞
父七月二十九日也違兵忌晦戰擊楚所不意也吳子
以罪人三千先犯胡沈與陳囚徒不習
戰以示不整也三國爭之吳為三軍以繫
於其後中軍從王從吳王也光帥右掩
[illegible][illegible][illegible]掩餘吳王[illegible][illegible][illegible][illegible][illegible]

於其後中軍從王王也光帥右掩
餘帥左掩餘吳王壽夢子也吳之罪人或奔
或止三國亂吳師擊之三國敗獲
胡沈之君及陳大夫舍胡沈之囚
使奔許與蔡頓曰吾君死矣師譟
而從之三國奔三國許蔡頓也楚師大奔

……蔡頃也

書曰胡子髠沈子逞滅獲陳夏齧君臣之辭也國君社稷之主与宗廟共其存亡者故稱滅大夫輕故曰獲之得也不言戰楚未陳也嫌与陳例相涉故重發之也

八月丁酉南宮極震經書乙未地震魯地也丁酉南宮極震周地亦震也爲屋所壓而死

壓本又作厭同於甲反

也……

壓 厭門 於甲反

極震周地亦震也為屋所壓而死也

萇弘謂劉文公曰君其勉之先君之力可濟也文公劉盆也先君謂盆之父獻公也獻公亦欲立子猛未及而卒也周之亡也其三川震謂幽王時也三川涇渭洛水也地動川岸崩也岸崩也

今西王之大臣亦震天棄之矣子朝

在王城故[illegible]之敬王居狄

今西王之大臣亦[illegible]朝在王城故謂西王也東王必大克敬王居狄泉在王城之東故曰東王也楚大子建之母在郹郹陽也平王娶蔡女癈太子建故母歸其家也召吳人而啓之冬十月甲申吳太子諸樊入郹諸樊吳王僚之太子也取楚夫人與其寶器以歸楚司馬薳越追之不及將

貝之大子也取楚夫人與其寶器以歸楚司馬薳越追之不及將死衆曰請遂伐吳以徼之徼要其勝負也薳越曰再敗君師死且有罪此年秋敗於雞父設往役敗為再敗也亡君夫人不可以莫之死也乃縊於薳澨薳澨楚地也

公為叔孫故如晉及河有疾而復

此年春晉為邾人執叔孫故曰公如晉謝之也

楚囊瓦為令尹囊瓦子囊之孫子常也代陽匄也城郢楚用子囊遺言已築郢城矣今畏吳復增脩以自固也沈尹戌曰

子常必亡郢苟不能衛城無益也

子常必亡郢苟不能衛城無益也

古者天子守在四夷德及遠也天子卑守在諸侯政卑損也諸侯守在四鄰鄰國為之守也諸侯卑守在四竟裁自完也慎其四竟結其四援結四鄰之國為援助也民狎其野狎安習也三務成功春夏秋三時之務也民

其野[illegible]習也[illegible]時之務也

無內憂而又無外懼國焉用城今

吳是懼而城於郢守己小矣卑之

不獲能無亡乎不獲守四竟也昔梁伯溝

十九年ト可讀古證

其公宮而民潰在僖十八年民棄其上

不亡何待夫正其疆埸修其土田

險其走集走集邊竟親其民人明

不亡何待夫正其疆埸修其土田

險其走集走集邊竟之壘壁也親其民人明

其伍候使民有部伍相爲候望也信其鄰國慎

其官守守其交禮交接之禮也不僭不

貪不懦不耆懦弱也耆強也完其守備以

待不虞又何畏矣詩曰無念爾祖

[illegible]詩大雅[illegible]念[illegible]

待不虞又何畏矣詩曰無念爾祖

聿脩厥德詩大雅也念念也聿述也義取念祖考則述治其德以顯之也無亦監乎若敖蚡冒至扶粉反莫報反

于武文四君皆楚先君之賢者也土不過同方百里為一同言未滿一圻也慎其四竟猶不城郢竟本亦作境今土數圻方千里為圻也而郢是城不亦

[illegible]言守若是難以為安也

今[illegible]數[illegible]為圻也[illegible]

難乎 言守若是難以為安也 為定四年吳入楚傳也

經

二十有四年春王二月丙戌仲孫貜卒 無傳孟僖子也 婼至自晉 喜得赦歸故書至也

夏五月乙未朔日有食之 秋八月大雩 丁酉杞伯郁釐卒 無傳未同盟而赴以

[illegible]若也丁酉九月五[illegible]巢楚

盟而赴以

若也丁酉九月五日也有日無月也冬吳滅巢巢楚邑也書滅用大師也葬杞平公無傳

傳二十四年春王正月辛丑召簡公南宮嚚以甘桓公見于王子朝簡公召莊公之子召伯盈也嚚南宮極之子也桓公甘平公之子也劉

極之子也栢公日平公之子也
子謂萇弘曰甘氏又往矣對曰何
害同德度義度謀也言唯同心同德則能謀義子朝不
能於我無害也大誓曰紂有億兆夷人亦
有離德言紂衆億兆兼有四夷不能同德終敗亡也余
有乱臣十人同心同德武王曰我有治臣十
人雖少同心也今[illegible]

有亂臣十人同心同德

有治亂臣十人雖少同心也今

此周所以興也

大誓無此語也

若其務德無患無人戊午王子朝

入于鄔

緱氏縣西南有鄔

言子朝稍強也

晉士彌

牟逆叔孫于箕

將禮而歸之也

叔孫使梁

其踁待于門内

踁叔孫家臣也

曰余左顧

而欬乃殺之

穀士伯來殺已

右顧

其踁待于門內家臣也曰余左顧

而欬乃殺之疑士伯來殺己故謀殺之也右顧

而笑乃止叔孫見士伯〻〻曰寡

君以為盟主之故是以久子久執子以

謝邾也不腆敝邑之禮將致諸從者

使彌牟逆吾子叔孫受禮而歸二

[illegible]貶婼族所以

使彌牟逆吾子叔孫受禮而歸二
月婼至自晉尊晉也賤婼族所以尊晉婼行人
故不言罪已也三月庚戌晉侯使士景伯
涖問周故涖臨也就問子朝敎王知誰曲直也士伯
立于乾祭而問於介衆乾祭王城北門介大
也晉人乃辭王子朝不納其使衆言
子朝曲

晉人乃辭王子朝不納其使言子朝曲故也

夏五月乙未朔日有食之

梓慎曰將水陰勝陽故曰將水也昭子曰旱

也日過分而陽猶不克克必甚能

無旱乎過春分陽氣盛時而不勝陰陽將猥出故為旱也

陽不克莫將積聚也陽氣莫然不動乃將積聚

陽不克莫將積聚也動乃將積聚
也六月壬申王子朝之師攻瑕及
杏皆潰瑕杏敬王邑也鄭伯如晉子太叔
相見范獻子〻〻曰若王室何對
曰老夫其國家是不能恤之敢及
王室抑人亦有言曰嫠不恤其緯
嫠寡婦也織者常苦

王室抑人亦有言曰嫠不恤其
緯嫠寡婦也織者常苦緯少寡婦所宜憂也而憂宗周之
隕為將及焉恐禍及已也今王室實蠢
蠢焉蠢蠢動擾貌也吾小國懼矣然大國
之憂也吾儕何知焉吾子其早圖
之詩曰缾之罄矣惟罍之恥詩小雅也
罍大器也缾小器也常稟於罍者

……雅也

罍大器也缾小器也常稟於罍者而所受罄盡則罍爲無餘故恥之也

王室之不寧晉之恥也獻子懼而與宣子圖之宣子韓起也乃徵會於諸侯期以明年爲明年會黃父傳也秋八月大雩旱也終如叔孫之言也冬十月癸

[illegible]也之言也[illegible]

酉王子朝用成周之寶珪于河禱河求福也甲戌津人得諸河上珪自出水也陰不佞以溫人南侵不佞敬王大夫也晉以溫與助敬王南侵子朝也拘得玉者取其玉將賣之則為石玉定而獻之不佞獻玉也

[illegible]喜得玉故與之邑也[illegible]

玉定而獻之本或作玉定之

沈本或作沈直蔭反又如字

賣之則爲石王定而獻之玉也與之東訾喜得玉故與之邑也鞏縣西南訾城是也楚子爲舟師以略吳疆略行也行吳界將侵之沈尹戌曰此行也楚必亡邑不撫民而勞之吳不動而速之速召也吳踵楚躡楚踵跡也而疆埸無備邑能無

[illegible]二師也[illegible]

壬子越大夫胥犴勞王於豫章之

汭汭水曲也越公子倉歸王乘舟歸遺也

倉及壽夢帥師從王壽夢越大夫也王及

圉陽而還圉陽楚地也吳人踵楚而邊

人不備遂滅巢及鍾離而還鍾離不書

告敗略

沈尹戌曰亡郢之始於此在

一本作在於此矣　本書作於此在矣

人不備遂滅巢及鍾離而還　不書告敗略之也　沈尹戌曰亡郢之始於此在矣王一動而亡二姓之帥　二姓帥守巢鍾離大夫也　幾如是而不及郢詩曰誰生厲階至今為梗　詩大雅也厲惡階道梗病也　其王之謂乎　為定四年吳入郢傳也

其王之謂乎入郢傳也

經二十有五年春叔孫婼如宋夏叔

詣五計反會晉趙鞅宋樂大心衛北宮喜

鄭游吉曹人邾人滕人薛人小邾

人于黃父有鸜鵒來巢此鳥穴居

鸜具俱反嵇康音權本又作𪇆鵒音欲公羊傳作鸛音權郭璞注山海經云一鵒

不在魯界故曰來巢非

常故書也秋七月上辛大雩季

季辛下旬之辛也

郭璞注山海經云ー鵒鴝鵒也

常故書也

辛又雩季辛下旬之辛也言又重上事也九月己

亥公孫于齊次于陽州諱奔故曰孫若自孫讓而去位者陽州齊魯竟上邑未敢直前故次于竟也齊侯

唁公于野井濟南祝柯縣東北有野井亭齊侯来唁公不敢遠勞故逆之往至野井也

冬十月戊辰叔

公不与小斂而書曰

之徃至野井也

孫婼卒公不与小斂書曰者公在外非无恩也十有一月己亥宋公佐卒于曲棘陳留外黄縣城中有曲棘里宋地也未同盟而赴以名也十有二月齊侯取鄆取鄆以居公也

傳二十五年春叔孫婼聘于宋桐門右師見之右師樂大心

傳二十五年春叔孫婼聘于宋桐門

右師見之右師樂大心也居桐門也語卑宋大

夫而賤司城氏司城樂氏之大宗也卑賤謂其人之德薄也昭子告其人曰右師其亡乎

或本人字无

君子貴其身而後能及人是以有

礼惟礼可以貴身故尚礼也今夫子卑其大

轄本又作胡瞎反

礼　故尚礼也

夫而賤其宗是賤其宗是賤其身也　賤人之亦賤已也　能有礼乎無礼必亡

為定十年樂大心出奔傳也　宋公享昭子賦新宮　逸詩也　昭子賦車轄　詩小雅也周人思得賢女以能君子昭子將為季孫迎宋公女故賦之也　明日宴

坐宋公

迎或本逆宋公女故賜之也　十元　明日宴

飲酒樂音洛宋公使昭子右坐坐宋公右以相

近附近之言改礼坐也如字又才卧反語相泣也樂祁佐助宴礼也　十元退

而告人曰今茲君與叔孫其皆死

乎吾聞之哀樂可樂而哀也　十元而樂哀可哀音洛注及下同

而樂逆之也　十元皆喪息浪反下同失也心也心之精爽是謂魂胡毘反

魄□去之何以能久為此久之叔

迹也　皆喪心也心之精爽是謂魂

魄〻〻去之何以能久為此冬叔孫宋公卒

傳也季公若之姊為小邾夫人平子庶姑

與公若同母故曰公若姊也生宋元夫人宋元夫人

平子之外姊也生子以妻季平子昭子如

宋聘且逆之平子人臣而因卿公逆季氏強橫也

季氏強橫也

若從　從昭子也　謂曹氏勿與魯將逐之

曹氏宋元夫人也　曹氏告公ゝ告樂祁ゝ

ゝ曰與之如是魯君必出政在季

氏三世矣　文子武子平子也　魯君喪政四

公矣　宣成襄昭也　無民而能逞其志者

未之有也國君是以鎮撫其民詩

公矣昭也無民而能逞其志者

未之有也國君是以鎮撫其民詩

曰人之云亡心之憂矣詩大雅言无人則憂

患至魯君失民矣焉得逞其志也

也靖以待命猶可動必憂為下所孫傳也憂

會于黃父謀王室也王室有子朝乱謀定之也

簡子趙

[illegible]乱謀定之也

趙簡子令諸侯之大夫簡子趙鞅也輸王粟具戍人曰明年將納王納王於王城也

子大叔見趙簡子ゝゝ問揖讓周旋之礼焉對曰是儀也非礼也

簡子曰敢問何謂礼對曰吉也聞

簡子曰敢問何謂禮對曰吉也聞

諸先大夫子産曰夫礼天之經也

經者道之常也地之義也義者利之宜也民之行

也行者人所履也天地之經而民實則之

則天之明日月星辰天之明也因地之性高下

剛柔地之性也生其六氣謂陰陽風雨晦明也用其

金木水……發……鹹……

之性也　生其六氣　陰陽風雨晦明也　用

五行　金木水火土也　氣為五味　酸鹹辛苦甘也　發

為五色　青黃赤白黑也　發見也　章為五聲　宮商

角徵羽也　淫則昏亂民失其性　滋味聲色過則

傷性也　是故為禮以奉之　制禮以奉其性也

為六畜　馬牛羊雞犬豕也　五牲　麋鹿麏狼兔也　三

犧　祭天地宗廟三

為六畜犬豕也五牲狼兕也三

犧祭天地宗廟三牲者謂之犧也以奉五味為九

文謂山龍華蟲藻火粉米黼黻也華若草華也藻若水草也火畫

火也粉米若白米也黼若斧黻若兩己相戾也傳曰火能黼黻照其

文也六采畫繢之事雜用天地四方之色青与白赤与黑玄与

黃皆相次謂之六色也五章以奉五色青与赤謂

之文赤与白謂之章白与黑謂之

之六色也

之文赤与白謂之章白与黒謂之

黼黒与青謂之黻五色備謂之繡

集此五章以奉為九歌八風七音

成五色之用也

六律以奉五聲解見二十年為君臣上

下以則地義君臣有尊卑法地有高下也為夫

婦外内以經二物夫治外婦治内各治其物也

本ノ下 婚媾姻婭 古豆反妻父曰昏重昏曰媾

婦外内以經二物各治其物也

爲父子兄弟姑姉甥舅昏媾姻亞以象天明六親和睦以事嚴父若衆星之共辰極也妻父曰昏重婚曰媾婿父曰姻兩婿相謂曰亞

爲政事庸力行務以從四時在君爲政在臣爲事民功曰庸治功曰力行其德教務其時要礼之本也

爲刑罰威獄使

……雷震電

其時要利之本也為刑罰威獄使
民畏忌以類其震曜殺戮雷震電曜天之
威也聖人作刑獄以象類之也為溫慈惠和以效
天之生殖長育民有好惡喜怒哀
樂生于六氣此六者皆稟陰陽風雨晦明之氣也是
故審則宜類以制六志為禮以制好惡喜怒
哀樂之六志哀有哭泣樂有歌舞

故審則宜類以制六志好惡喜怒哀樂之六志使不過節也又作義哀有哭泣樂有歌舞喜有施舍怒有戰鬭喜生於好怒生於惡是故審行信令禍福賞罰以制死生生好物也死惡物也好物樂也惡物哀也哀樂不失乃能協于天地之性是以長久協和

物樂也惡物哀也哀樂不失乃能

協于天地之性是以長久協和也簡

子曰甚哉禮之大也對曰禮上下

之紀天地之經緯也經緯錯居以相成者也

民之所以生也是以先王尚之故

人之能自曲直以赴禮者謂之成

曲直以弼

人之能自曲直以赴禮者謂之成

人大不亦宜乎曲直以弼其性也簡子曰

鞅也請終身守此言也鞅能守此言故終免

於晉陽之難也宋樂大心曰我不輸粟我

於周為客二王後為賓客也若之何使客

晉士伯曰自踐土以來踐土在僖二十八年

也

晉士伯曰自踐土以來二十八年
也宋何役之不會而何盟之不同
曰同恤王室子焉得辟之子奉君
命以會大事而宋背盟無乃不可
乎右師不敢對受牒而退右師樂大心也
士伯告簡子曰宋右師必亡奉君

士伯告簡子曰宋右師必亡奉君命以使而欲背盟以干盟主無不祥大焉言不善无大此者為定十年宋樂大心出奔傳也

有鸜鵒來巢書所無也師己曰異哉吾聞文武之世童謡有之師己魯大夫也曰鸜之鵒之公出辱之言鸜鵒來則公出辱

羽

褰 赴虔反字林巳偃反

也曰鸜之鵒之公出辱之來則公

出辱鸜鵒之羽公在外野往饋之

也

馬饋遺

也鸜鵒跦ゝ公在乾侯跦ゝ

跳行

貌徵褰與襦褰

袴

也鸜鵒之巢遠哉

遙遙稠父喪勞宋父以驕稠父昭

公死外

故喪勞也宋父定

公代立故以驕也鸜鵒ゝゝ往歌

公代立故以驕也[illegible][illegible]往歌來哭昭公生出歌死還哭也童謠有是今鸜鵒來巢其將及乎將及禍也秋書再雩旱甚也初季公鳥娶妻於齊鮑文子生甲公鳥季公亥之兄平子庶叔父也公鳥死季公亥與公思展與公鳥之臣申夜姑相其室公亥即公若也展

夜姑相其室（公亥即公若也展　季氏族也相治也）及
季姒與饔人檀通（季姒公鳥妻鮑　文子女也饔人
食官　也）而懼乃使其妾抶己以示秦
遄之妻也（秦遄魯大夫也妻　公鳥妹秦姬也）曰公
若欲使余〻不可而抶余又許於

展與夜姑並如字公思及申夜姑也与及也讀式亦餘亦者非也

公甫公甫平子弟也曰展與夜姑將要余要ㇾ翾我以非礼也秦姬以告公之公之平子弟点也

公之與公甫告平子ㇾㇾ拘展於卞而執夜姑將殺之公若泣而哀之曰殺是ㇾ殺余也將為之請

子使豎勿內日中不得請有司

哀之曰殺是是殺余也將為之請

平子使豎勿内日中不得請有司

逆命執夜姑之有司也欲公之使

迎受殺主之命也

速殺之故公若惡平子季郈之雞

鬭季平子郈昭伯二家季氏介其

相近故雞鬭也

擣芥子播其羽也或曰

雞以膠沙播之為介雞也郈氏為

以膠沙播之為介雞也

之金距平子怒怒其不下己也益宮於郈

氏侵郈氏室以自益也且讓之讓責故郈昭

伯亦怨平子臧昭伯之從弟會昭伯

臧為子也為讒於臧氏而逃於季氏臧

氏執旃平子怒拘臧氏老將禘於

襄公萬者二人其衆萬於季氏禘

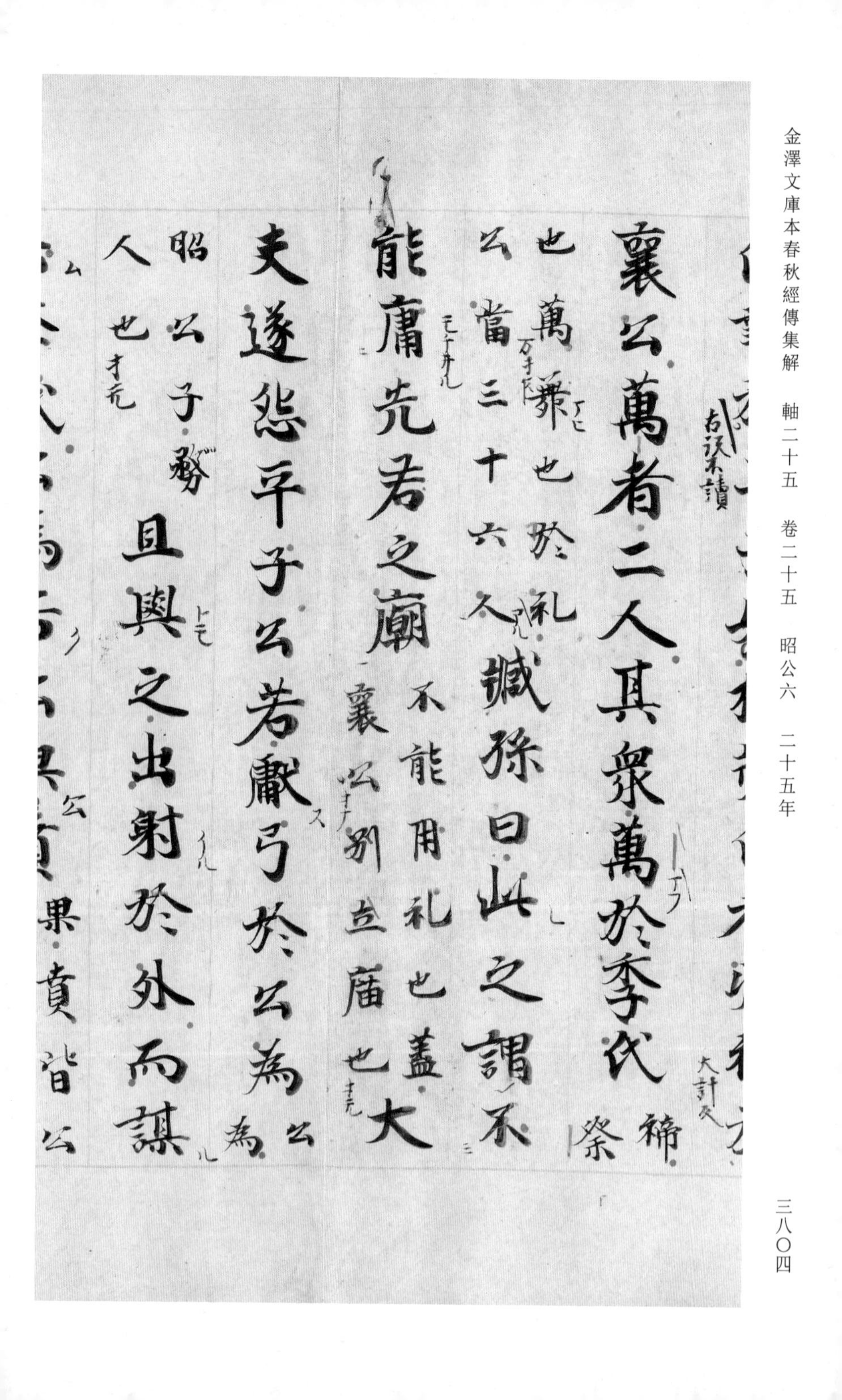

襄公萬者二人其衆萬於季氏禘
祭也萬舞也於礼公當三十六人
臧孫曰此之謂不能庸先君之廟
不能用礼也蓋襄公別立廟也
大夫遂怨平子公若獻弓於公為
公為昭公子務人也
且與之出射於外而謀

臣與之出射於外所言

人也才元

去季氏公爲吉公果賁　果賁皆公爲弟也才元

公果公賁使侍人僚柤告公〻寢

將以戈擊之乃走公曰執之亦無

命也　獨言執之無勅命也才元

懼而不出數月不

見公不怒又使言公執戈以懼之

侍人　本或作寺人

見公不怒又使言公執戈懼之
乃走又使言公曰非小人之所及
也謂僚柤為小人也公果自言公以告臧
孫〻〻以難言難遂也告郈孫郈孫以
可勸告子家懿伯子家羈莊公之玄孫也懿
伯曰讒人以君僥倖事若不克君
受惡

伯曰讒人以君徼幸事若不克君受其名受惡名不可為也舍民數世以求克事不可必也且政在焉其難圖也公退之退使去也辭曰臣與聞命矣言若洩臣不獲死乃館於公宮恐洩命之罪故留公宮以自明也叔孫昭子如闞魯地公居於長府官府名

留公宮以自明也

闞（闞音）公居於長府（長府官府名也）九月戊戌伐季氏殺公之于門遂入之平子登臺而請曰君不察臣之罪使有司討臣以干戈臣請待於沂上以察罪弗許（魯城南自有沂水平子欲出城待罪也大沂水出蓋縣南

一本作姦
慝

平子欲出城待罪

也大沂水出蓋縣南

至下邳入泗也請囚于費弗

許請以五乘亡弗許子家子曰君

其許之政自之出久矣隱民多取

食焉隱約窮

困者也為之徒者衆矣日入

慝作弗可知也慝姦惡也日寘姧

人將起叛君助季

氏不可

季氏

慝　蓄勅六反本傳作畜下並同

人將起叛君助季氏不可知也眾怒不可蓄也季氏蓄眾也蓄而弗治將蘊蘊積也蘊蓄民將生心生心同求將合與季氏同求叛君者也君必悔之弗聽郈孫曰必殺之公使郈孫逆孟懿子懿子仲孫何忌也叔孫氏之司

鬷戾

何忌也

馬鬷戾言於其衆曰若之何莫對

衆疑所助也又曰我家臣也不敢知國

凡有季氏與無於我孰利皆曰無

季氏是無叔孫氏也鬷戾曰然則

救諸帥徒以往陷西北隅以入陷公

圍公徒釋甲執冰而踞言無戰心

救諸帥徒以往陷西北隅以入公
園公徒釋甲執冰而踞言無戰心
也冰櫝丸
蓋或云櫝丸是箭筩
其蓋可以取飲之也遂逐之公徒
也孟氏使登西北隅以望季氏見
叔孫氏之旌以告孟氏執郈昭伯
殺之于南門之西遂伐公徒子家

殺之于南門之西遂伐公徒子家

子曰諸臣僞劫君者而負罪以出

君止使若非君本意者君自可止不出也意如之事

君也不敢不改意如季平子名也公曰余

不忍也與臧孫如墓謀辭先君且謀所奔也

遂行己亥公孫于齊次于陽州齊

侯將唁公于平陰公先至于野

遂行己亥公孫于齊次于陽州齊侯將唁公于平陰公先至于野井齊侯曰寡人之罪也使有司待公于平陰為近故也齊侯自咎卒不勑有司速詣陽州而欲近會于平陰故令魯侯過共先至野井遠見迎逆自咎以謝公書曰公孫于齊次于陽州齊侯也

也書曰公孫于齊次于陽州齊侯

唁公于野井礼也將求於人則

先下之礼之善物也物事也謂充往至野井也

齊侯曰自莒疆以西請致千社二十五家為一社千社二萬五千家欲以給公也

以待君命待君伐季氏之命也

寡人將帥敝賦以從執事

唯命是聽君之憂寡人之憂

氏之命也

事唯命是聽君之憂寡人之憂也

公喜子家子曰天祿不再天若胙

才路反又在路反

君不過周公以魯足矣失魯而以

千社爲臣誰與之立爲齊臣也且齊君

無信不如早之晉弗從臧昭伯率

從者將盟載書曰戮力壹心好惡

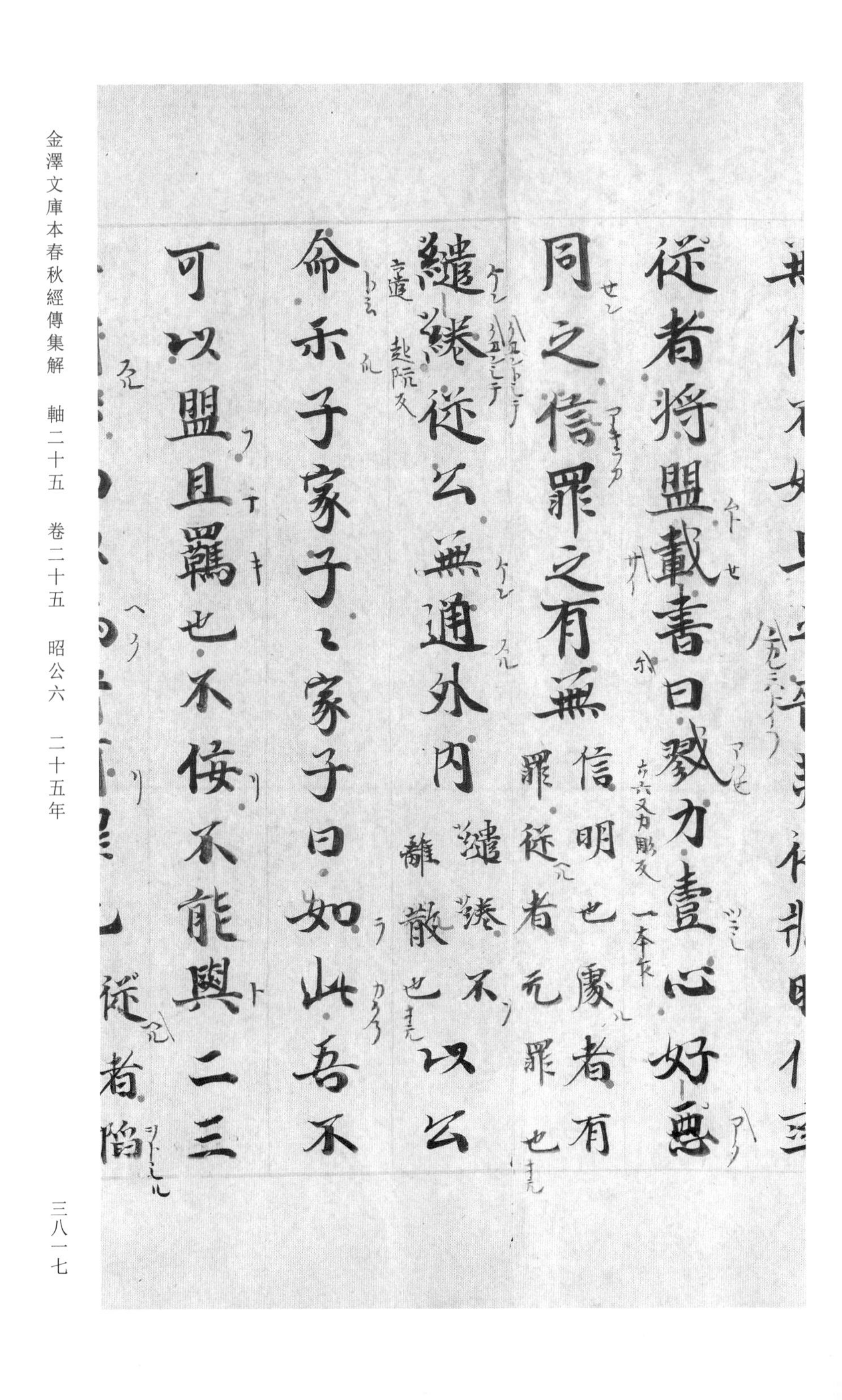

從者將盟載書曰戮力壹心好惡同之信罪之有無信明也處者有罪從者无罪也繾綣從公無通外内繾綣不離散也以公命示子家子子家子曰如此吾不可以盟且羈也不佞不能與二三

從者陷

可以盟且羇也不佞不能與二三子同心而以爲皆有罪也從者陷君留者遂君皆有罪也或欲通外内而且欲去君去君者僞負罪出奔不必繾綣從公也二三子好亡而惡定焉可同也陷君於難罪孰大焉通内外而去君君將速入弗通

焉通内外而去君〻將速入弗通
何爲而何守焉乃不與盟　何以守公也
昭子自闞歸見平子〻〻稽顙曰
子若我何昭子曰人誰不死子以
逐君成名子孫不忘不亦傷乎將
若子何平子曰苟使意如得改事

若子何平子曰苟使意女得改事君所謂生死而骨肉也昭子從公于齊而與公言子家子命適公館者執之恐從者知叔孫謀也公與昭子言於幄內曰將安衆而納公昭子請歸安衆也公徒將殺昭子而伏諸道伏兵也左

公徒將殺昭子伏諸道也左

師展告公〻使昭子自鑄歸辟伏兵也

平子有異志不欲猨納公也冬十月辛酉

昭子齊於其寢使祝宗祈死戊辰

卒恥為平子所欺因祈而自殺也左師展將以公

乘馬而歸公徒執之展魯大夫欲与公俱輕歸

乘馬而歸公徒執之与公俱輕歸
也

壬申尹文公涉于鞏焚東訾弗克

文公子朝黨於鞏縣涉洛水也東訾敬王邑也

十一月

宋元公將為公故如晉請納公也夢大

子欒即位於廟已與平公服而相

之平公元公父也且召六卿公曰寡人不

之公父也臣居六卿公曰寡人不
佞不能事父兄父兄謂華向也以為二三
子憂寡人之罪也若以羣子靈獲
保首領以歿唯是楄柎所以藉幹
者楄柎棺中苓牀也幹骸骨也請無及先君欲自
貶損也
仲幾對曰君若以社稷之故私
眤遊也降眤

仲幾對曰君若以社稷之故。私降昵宴羣臣弗敢知昵近也降昵宴謂損親昵聲樂飲食之事也若夫宋國之法死生之度先君有命矣羣臣以死守之弗敢失隊臣之失職常刑不赦臣不忍其死君命秪辱言君命必不行秪適也宋

爲明年梁

忍其死君命祗辱祗適也宋

公遂行己亥卒于曲棘為明年梁丘據語起

本也十二月庚辰齊侯圍鄆欲取以居公不

書圍鄆人自服不成圍也初臧昭伯如晉臧會

竊其寶龜僂句僂句龜所出地名也以卜為

信與僭僭吉僭不信也臧氏老將如晉

問昭伯代家老

信與僭僭吉臧氏老將如晉子念反注同信也
問問昭伯起居也會請往代家老行也昭伯問
其家故盡對故事也及內子與母弟
叔孫則不對內子昭伯妻也不對若有他故也再
三問不對歸及郊會逆問又如初
又不對也至次於外而察之皆無之執

對也

而戮之逸奔郈〻魴假使為賈正

焉郈在東平無鹽縣東南魴假郈邑大夫也賈正掌貨物使有常價若市吏也

大計於季氏送計簿於季氏也

臧氏使五人以戈楯伏諸桐汝之閭桐汝里名也

會出逐之反奔執諸季氏

名也

中門之外平子怒曰何故以兵入

吾門拘臧氏老季臧有亞（相怨及惡也）

昭伯從公平子立臧會（立以為臧氏後也）

會曰僂句不余欺也（傳言卜筮之驗善惡由人也）

楚子使薳射城州屈（居勿反一音其勿反）復茄人焉

遷復茄人民[illegible]人焉　移訾

楚子使薳射城州屈復茄人焉
還復茄人於州屈也城丘皇遷訾人焉移訾人於
丘皇也使熊相禖郭巢季然郭卷使二
大夫為巢卷築郭也卷城在南陽葉縣南也子大叔
聞之曰楚王將死矣使民不安其
土民必憂憂將及王弗能久矣為明
年楚子

[illegible]明

年楚子居

卒。傳也

經二十有六年春王正月葬宋元公

三月而葬速

三月公至自齊居于鄆夏

公圍成

成孟氏邑也不書齊師

師賤衆少。使在公也

秋

公會齊侯莒子。杞伯盟于鄟陵

鄟陵

邾子二字

鄟，音轉，又市轉反，一音徒丸反

地[illegible]

公會齊侯莒子。杞伯盟于鄟陵。鄟陵地闕。公至自會居于鄆。無傳。九月庚申楚子居卒。未同盟而赴以名也。冬十月天王入于成周。傳言王入在子朝奔後經在前者子朝來告晩也。尹氏召伯毛伯以王子朝奔楚。召伯當言召氏經誤也尹召族奔非一人故言氏書奔在王入下者

非一人故言代書奔在王入下者

王入乃告

諸侯也

傳二十六年春王正月庚申齊侯取

鄆前年已取鄆至是乃發傳者爲公處鄆起也

葬宋元公如先君礼也善宋人違命以合礼也

三月公至自齊處于鄆言魯地也入魯竟故書至猶在外

公至自齊處于鄆言魯地也竟故書至猶在外故書地也夏齊侯將納公命無受魯貨申豐從女賈豐賈二人皆季氏家臣也以幣錦二兩二丈爲一端二端爲一兩所謂匹也二兩二匹也縛一如瑱瑱充耳縛卷也急卷使如充耳易懷藏也而適齊師謂子猶之人高齮魚綺反子猶家臣也

古說ニモヘ云ヒアラん
能為 于偽反下當下文 曾若円

適齊師謂子猶之人高齮魚綺反子
也
猶家臣。子猶
梁丘據也
能貨子猶為高氏後粟五千庾
言若能為我行貨於子
猶當為子請使得為高
氏後又當致粟五千庾。羊主反十六斗曰一
十六斗凡八千斛也
庾
高齮以錦
示子猶子猶欲之齮曰魯人買之
百兩一布以道之不通先入幣財
言魯人買此甚多布陳

百兩一布以道之不通先入幣財

言魯人買此甚多布陳之以百兩爲數也子猶受之

言於齊侯曰羣臣不盡力于魯君

者非不能事君也欲行其言故先示欲盡力納魯君也

然據有異焉異猶怪也宋元公爲魯

君如晉卒於曲棘叔孫昭子求納

君如晉卒於曲棘叔孫昭子求納

其君無疾而死不知天之棄魯耶

抑魯君有罪於鬼神故及此也君

若待于曲棘使羣臣從魯君以卜

焉卜知可伐否也若可師有濟也君而繼

之茲無敵矣若其無成君無辱焉

之茲無敵矣若其無成君無辱焉

齊侯從之使公子鉏帥師從公〔鉏齊大夫也〕

成大夫公孫朝謂平子曰有都

以衛國也請我受師許之〔以成邑禦齊師也〕

請納質〔恐見疑也〕弗許曰信女足矣告

於齊師曰孟氏魯之敝室也〔敝壞也〕

於齊師曰孟氏魯之敝室也也
用成已甚弗能忍也請息肩于齊
公孫朝詐齊師言齊師圍成〻人
欲降使來取成也
伐齊子之飲馬于淄者曰將以厭
以厭衆衆心不欲使知已降也淄
衆水出泰山梁父縣西北入汶也
魯成備而後告曰不勝衆告齊言
衆不欲
降已不能

衆不欲

降已不能師及齊師戰于炊鼻季氏

膝也

師非公公非公命則不

書也炊鼻魯地也齊師淵捷從

洩聲子聲子曽射之中楯瓦瓦楯

脊也脊

大夫也

繇朐汰輈匕入者三寸

入楯瓦也

朐車軏輈

在裏

東轅繇過也汰聲子射其馬斬鞅

矢激矢鏃也

殪死

矢激古狄反矢鏃也於交反

殪於計反也殪死攺駕人以為殿戾也而助

之人魯人也殿戾叔孫氏司馬也子車曰齊人也

子車即渕捷也將擊子車〻〻射之殪其

御曰又之又欲使射餘人也子車曰衆可

懼也而不可怒也子囊帶從野洩

亡囊帶齊大夫也

吒

悁也所不可怒也子囊帶從野洩

吒之囊帶齊大夫也野洩郎聲子也洩曰軍無私

怒報乃私也將亢子苦浪反下同欲以公戰禦之不欲私報其吒也

又吒之子囊復吒之亦吒之野洩亦吒也言齊無戰心但相吒也

冉豎射陳武子中手冉豎季氏臣也失弓而罵武子罵也以告平子

鬒須眉　本作鬒　正云說文鬒稠髮也　鬒眉者言鬒眉稠多也　甚口大口也

氏臣也失弓而罵罵也以告平子

曰有君子白皙鬒鬚眉甚口平子

曰必子彊也無乃亢諸子彊武子字也

對曰謂之君子何敢亢之僞言不敢違季

氏林雍羞為顏鳴右下皆魯人也羞為右故

下車戰也苑何忌取其耳何忌齊大夫也不欲殺雍

但截其耳顏鳴去之其右見獲之

戰也……也不欲殺雍

伹截其耳以辱之也顔鳴去之其右見獲懼而去之苑

子之御曰視下顧復欲使苑子擊其足也苑

刜芳弗反說文擊也又父勿反又忿勿反

子刜林雍斷丁管反其足鑋遣政反又古馨各項反字林丘貞反而乘於他車

以歸鑋一足行也顔鳴三入齊師呼火故反曰

林雍乘繩證反言魯人皆致力於季氏不以私怨而相弃也四

林雍乘不以私怨而相弃也四月單子如晉告急五月戊午劉人敗王城之師于尸氏劉人劉蚠之屬也王城子朝之徒也尸氏在鞏縣西南偃師城也戊辰王城人劉人戰于施谷劉師敗績施谷周地也秋盟于鄟陵謀納公也齊侯謀也七月

謂也

己巳劉子以王出師敗懼而出也庚午次

于渠渠周地也王城人焚劉燒劉子邑也丙

子王宿于褚氏洛陽縣南有褚氏亭丁丑王

次于萑谷庚辰王入于胥靡辛巳王

次于滑萑谷胥靡滑皆周地胥靡滑本鄭邑也晉知

躒趙鞅帥師内王使女寬守闕塞

胥靡滑卒鄭邑也

躒趙鞅帥師納王使汝寬守闕塞

女寬晉大夫也闕塞洛陽西

南伊闕口也守之備子朝也　九月

楚平王卒令尹子常欲立子西　子西

平王之長庶也　曰太子壬弱其母非適也

壬昭王也　王子建實聘之子西長而好

善立長則順建善則治王順國治

王也[illegible]（呼報反）

善立長則順建善則治王順國治（直吏反下同）

可不務乎子西怒曰是乱國而悪

君王也（言王子建聘之是　歎君王之悪也）國有外

援不可瀆也（外援秦也　瀆慢也　武諫反）王有適嗣

不可乱也敗親速讎（不立壬秦將　來討是速讎）

也[illegible]受悪[illegible]

不可亂也敗親速讎來討是速讎

乱嗣不祥我受其名受惡名也賂吾

以天下吾滋不從也滋益也楚國何

為必殺令尹令尹懼乃立昭王冬

十月丙申王起師于滑起發辛丑

在郊郊子朝邑也遂次于尸十一月辛

知躒趙鞅

邑也十九

酉晉師克鞏知躒趙鞅之師也十九召伯盈逐

王子朝伯盈本黨子朝晉師克鞏知子朝不成更逐之而逆敬王也十九

王子朝及召氏之族毛伯得

尹氏固南宮嚚奉周之典籍以奔

楚見賢遍反尹召二族皆奔故稱氏重直用反見尹固名者爲後還見殺也十九陰

忌奔莒以叛陰忌子朝黨召伯逆

見不憚逼之尹固名者爲後還見殺也隱

邑奔莒以叛隱邑子朝黨也莒周邑也召伯逆

王于尸及劉子單子盟召伯新還故盟遂

軍圉澤次于隄上圉澤隄上皆周地也癸酉

王入于成周成周今洛陽也甲戌盟于襄

宮襄王之廟也晉師使成公般戍周而

般晉大

還服晉大夫也十二月癸未王入于莊宮莊宮在王城也王子朝使告于諸侯曰昔成王克殷成王靖四方康王息民並建母弟以蕃屏周亦曰吾無專享文武之功不敢專故且為後建母弟也

享文武之功建母弟也且爲後人之迷敗傾覆而溺入于難則振救之至于夷王〻愆于厥身夷王厲王父也愆惡疾也諸侯莫不並走其望以祈王身至于厲王〻心戾虐萬民弗忍居王于彘不忍宮王也厲王之末周人流王于彘也諸侯釋位以間王政間猶与也去

少詩照反 下文同

[illegible]於大宋周人流王于彘也

諸侯釋位以間王政間猶与也去其位与治王之政

宣王有志而後效官宣王厲王子也彘之乱宣王尚少召公虎取而長之效授也

至于幽王天不弔周王昏不若用愆厥位幽王宣王子也若順也愆失也

攜王奸命諸侯替之

[illegible]攜王幽王少

順也愆失也攜

而建王嗣用遷郟鄏攜王幽王少子伯服也王

嗣宜臼也幽王后申姜生大子宜

臼王幸褒姒生伯服欲立之而殺

大子〻〻奔申〻伯与鄫西戎

伐周戰于戲幽王死諸侯廢伯服

而立宜臼是爲平則是兄弟之能

王東遷郟鄏也

用力於王室也至于惠王天不靖

用加於王室也至于惠王天不靖

周生頹[徒回反]禍心施[以豉反]于叔帶惠襄辟難[乃旦反注同]

越去王都惠王平王六世孫也頹

惠王庶叔也〇莊十九年作

乱惠王適鄭襄王惠王子也叔帶

襄王弟也僖二十四年叔帶作難

襄王[臧本作]　黜去也[恥律反下同]

處氾則有晉鄭咸黜不端晉文殺

叔帶鄭厲殺子頹為王以綏定王

室去不端直之人也

室

室。去不端直之人也

家則是兄弟之能率先王之命也

在定王六年秦人降妖定王襄王孫也定王六年魯宣八年也

妖本又作訞於驕反說文云衣服謌謡草木之怪謂之妖

曰周其有顓王亦克能子剄反脩其職諸侯服享二世共六恭職二世謂靈景也

王室其有間王位諸侯不圖而

間之注及下以先王共注円

受其亂災間王位謂子朝也令子

也

王室其有間王位諸侯不圖而〻閒之〻注及下以〻先王共注円

受其乱災間王位謂子朝也令子朝以為王猛也受乱災

以為晉古

謂楚也令子朝以為晉也至于靈王生而有頿

靈王定王孫也王甚神聖無惡於諸侯靈

王景王克終其世景王靈王子也今王室

乱單旗劉狄剝乱天下壹行不若邦角反

單旗穆公也劉狄

亂單旗劉狄剝亂天下壹行不若

單旗穆公也劉狄 謂先王何常之

劉蚠也壹專也

言先王無 唯余心所命其誰敢

有常法也

討之帥羣不弔之人弔至 以行亂

于王室侵欲無厭規求無度貫瀆

鬼神貫習也瀆易也 慢棄刑法倍奸齊盟

則神瀆易也　以豉反

方佩

傲五報反很戶懇反威儀矯居表反誣先王晉爲不道是

攜是贊攜持也贊佐也先王謂景王也思肆其罔

極肆放也茲不穀震盪本又作蕩徒黨反播越竄七亂反字林七外反在荊

蠻茲此也此不穀子朝自謂也未有攸底之旨反攸所也底至也

若我一二兄弟甥舅獎將丈反順天

又作滑于八反

將

將
也
若我一二兄弟甥舅獎順天
法無助狡猾以從先王之命毋速
天罰赦圖不穀赦其憂而圖其難也則所願
也敢盡布其腹心及先王之經而
諸侯實深圖之昔先王之命曰王
后無適則擇立長年鈞以德ゝ鈞
此所謂先

后無適則擇立長年鈞以德德鈞
則以卜（此所謂先王之經也）王不立愛公卿
無私古之制也穆后及太子壽早
夭即世（在十五年）單劉贊私立少以間
先王（間錯先王之制也）亦唯伯仲叔季圖
之（伯仲叔季惣謂諸侯也）閔馬父聞子朝之

謂諸侯也

詞ㄧ（本作文辭）

辭曰文辭以行礼也子朝干景之

命遠晉之大以專其志無礼甚矣

文辭何為傳終王室乱也齊有彗星出齊之分

野不書魯不見也齊侯使禳之祭以禳除之也晏

子曰無益也祇取誣焉誣欺也天道

不諂不貳其命若之何禳之

子曰無益也衹取誣焉也天道
不諂諂疑不貳其命若之何禳之
且天之有彗也以除穢也君無穢
德又何禳焉若德之穢禳之何損
詩曰惟此文王小心翼翼昭事上
帝聿懷多福厥德不回以受方國
詩大雅

帝聿懷多福厥德不回以受方國
詩大雅也翼翼共也聿述也回違
也言文王德不違天人故四方之
國歸往
之也君無違德方國將至何患
於彗詩曰我無所監夏后及商用
乱之故民卒流亡逸詩也言追監
夏商之亡皆以
乱故若德回乱民將流亡祝史之
也

若德回亂民將流亡祝史之
為無能補也公說乃止齊侯與晏
子坐于路寢公歎曰美哉室其誰
有此乎景公自知德不能久有國故歎誰有此也晏子
曰敢問何謂也公曰吾以為在德
對曰如君之言其陳氏乎陳氏雖

無大德而有施於民豆區釜鍾之
數其取之公也薄 謂以公量收也 其施之
民也厚 謂以私量貸也 公厚斂焉陳氏厚
施焉民歸之矣詩曰雖無德與女
式歌且舞 詩小雅也義取雖無大德要有喜説之心欲歌

言歌且舞德要有善訛之心欲歌

舞也式　陳氏之施民歌舞之矣後

用也

世若少惰陳氏而不亡則國其國

徒臥反本亦作惰同

也已公曰善哉是可若何對曰唯

礼可以已之在礼家施不及國民

古本亦作商賈

不遷農不移工賈不變守常士不

業也

濫不共　　　滔慢

戎諫反本又作慢武半反

不遷農不移工賈不變業也注士不

濫不共職也注官不滔滔慢也吐刀反大夫不收公

利不作福也注公曰善哉我不能矣吾今

而後知禮之可以為國也對曰禮

之可以為國也久矣與天地並

地則禮義興也注君令臣共父慈子孝兄愛

弟敬夫和妻柔姑慈婦聽禮也

義興也十九

弟敬夫和妻柔姑慈婦聽礼也君

令而不違臣共而不貳父慈而教

子孝而箴之林反也箴諫兄愛而友弟敬而

順夫和而義妻柔而正姑慈而從

從不自婦聽而婉婉順於阮反也礼之善物

專也十九

專也婦聽而婉……

也公曰善哉寡人今而後聞此禮

之上也對曰先王所稟於天地以

為其民也是以先王上之稟受也

春秋卷第二十五

經六千五百三十七字

注一万一千六百五十五字

本奥云
弘長三年十二月十七日以家秘說
奉授越州使君尊閤了
前參河守清原在判

本奥云
古本奥云
久壽三年三月廿七日酉剋以或古本見
合畢
件書奥云　凢直根縺

件書寫之　仲直相傳　苅田

以天長九年七月九日講讀畢　直講

尊尚後件毫

用墨點也

新本奧云

治承三年六月晦日授良業才子畢　在判

元曆元年五月廿四日重奉受御說了　主水正良業

建保二年九月七日授家秘說於愚息

仲宣畢　在判

貞應三年三月十二日授四郎冠者了　在判

貞應三年三月十二日授以點畢者
在判

文永五年十月十日以家說大人
本一校畢

本奥云

正元〻年五月十四日書寫畢

統州狩雋　在判

同年同月廿日以家秘本
手自校點畢
縫殿介直隆
余奥書同前
文永六年八月廿二日以家之
秘說授申越州之[illegible][illegible]子了

秘説授之[illegible]是以令[illegible]

朝請大夫清原

於于相之醉醒所之下一覧之了

于時寛永十六年己丑仲夏下旬　怡

左傳集解

廿六

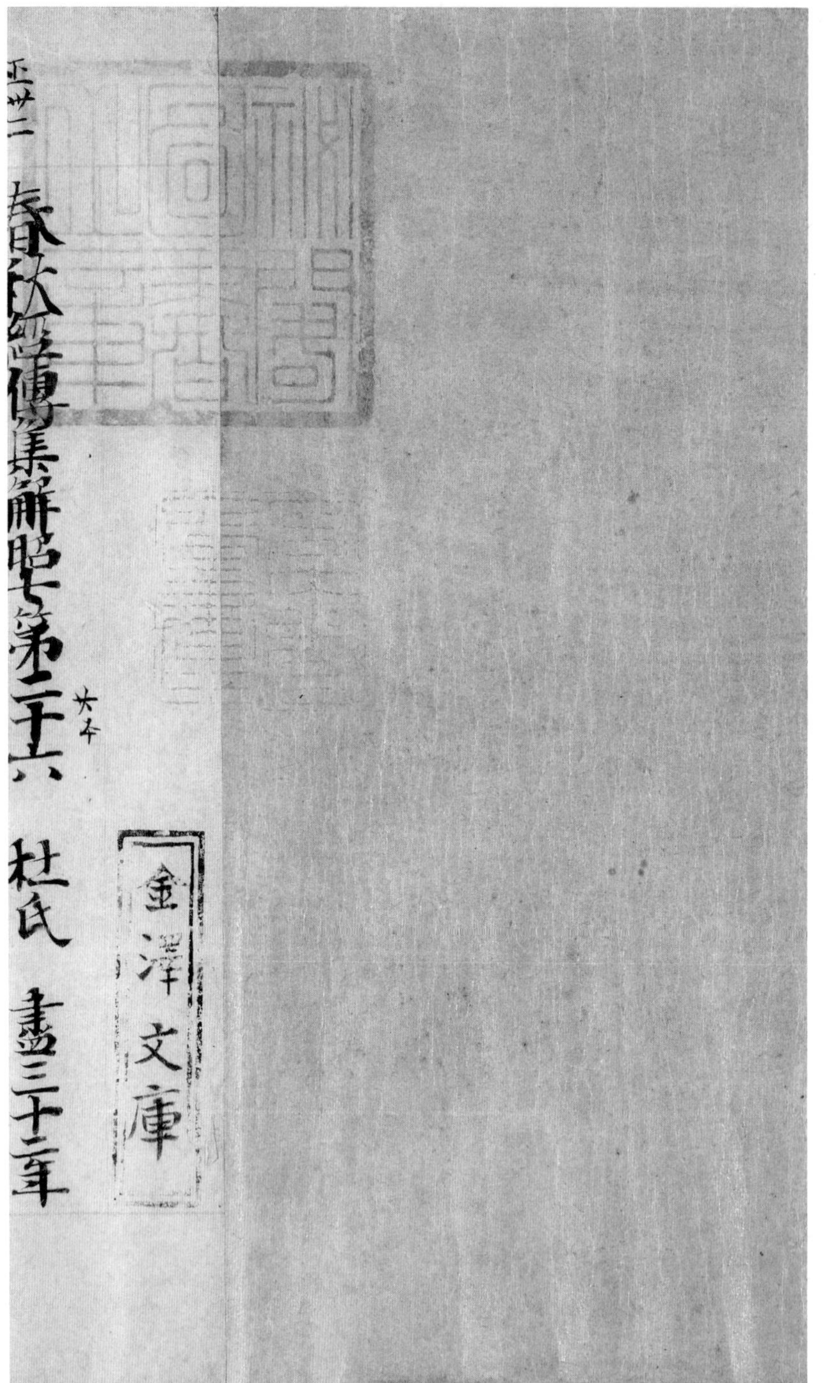

廿二

春秋經傳集解昭七第二十六　杜氏　盡三十二年

大本

金澤文庫

正廿二

春秋經傳集解昭七第二十六　杜氏　盡三十二年

經二十有七年春公如齊　自鄆行

公至自齊居于鄆夏四月吳

弑其君僚　僚亟戰民罷又代楚喪故光乘閒而

動稱國以

宛 於阮反 又於元反

楚喪故光乘間而

動稱國以 弑罪在僚

楚殺其大夫郤宛

無極楚之讒人宛所明知而 信之以取敗亡故書名罪

宛

秋晉士鞅宋樂祁犂衛北宮喜曹人邾人滕人會于扈

冬十月曹伯午卒　無傳未同 盟而赴以

[illegible] 無傳快邾 [illegible]

冬，邾快苦怪反來奔。無傳。快，邾卿也，故書。公

如齊。自鄆行リ。公至自齊，居于鄆。

無傳

傳

二十七年春，公如齊。公至自齊，

處凵リ于鄆，言在外也。在外邑，故書地。吳

庚千單言在外也故書地

子欲因楚喪而伐之 前年楚平王卒

使公子掩餘公子燭庸帥師

圍潛 二子皆王僚母弟潛楚邑在芦江六縣西南

使延州來季子聘于上國 季子本封延陵後復封州來故曰延州來

遂聘于晉

以觀諸侯觀彊楚之

州來故曰延州來

以觀諸侯觀彊弱楚莠尹然工

尹麇帥師救潛二尹楚官然麇其名左

司馬沈尹戌帥都君子與王

馬之屬以濟師都君在都邑之士有復除者

王馬之屬王之養馬官屬授人也濟益也與吳師

官屬授人也謂盔也
遇于窮令尹子常以舟師及
沙汭而還沙水名左尹郤宛工
尹壽帥師至于潛吳師不能
退楚師彊故吳不得退去吳公子光曰
北時也弗可失也已欲因其師徒在外國

從在外国

上国

不堪役以　告鱄設諸曰上国

殺王也

有言曰不索何獲我王嗣也

吾欲求之　光吳王諸樊子

也故曰我王嗣事

若克季子雖至不吾廢也

至

諸

聘

遲　鱄設諸曰王可弒也母老

遝鱄諸[illegible]

子弱是無若我何猶言我無若是何欲以老弱託光光曰我爾身也言我身猶介身夏四月光伏甲於堀室而

掘其勿反又其月反

享王堀地為室王使甲坐於道及

本又作窟同苦忽反

其門坐道邊至光門門階戶席皆王

至宛門

親也夾之以鈹羞者獻體改

古治反又古協反下同

普皮反說文云劒也

服於門外羞進食也獻体改衣執羞者

坐行而入坐行膝行執鈹者夾承

之承執羞者及體以相授也鈹及進羞

者躰以所食授王光偽足疾入堀室

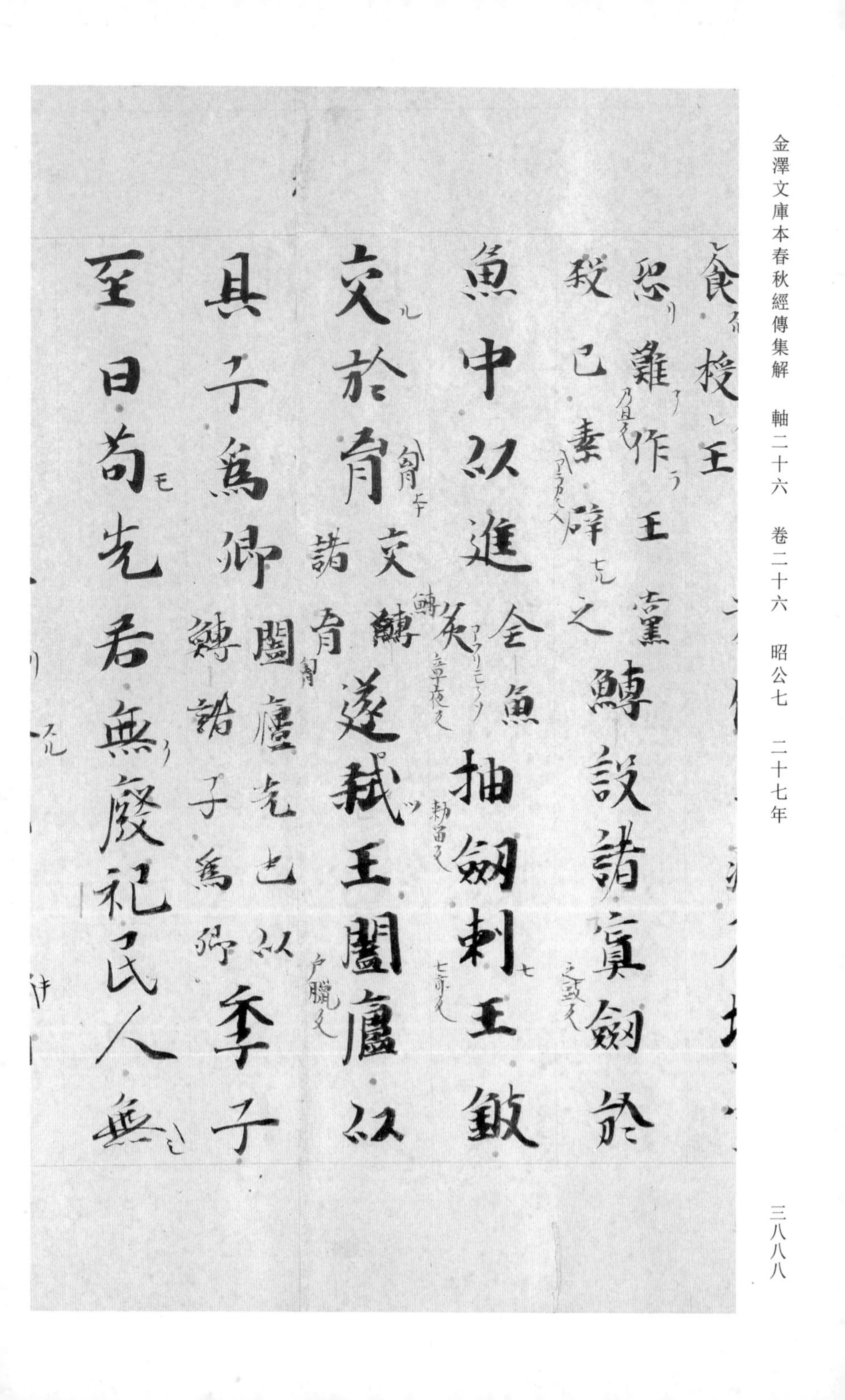

食授王
恐難作王黨殺已素辟之鱄設諸寘劒於
魚中以進全魚炙抽劒刺王鈹
交於胸交鱄諸胸遂弑王闔廬以
其子爲卿闔廬光也以鱄諸子爲卿季子
至曰苟先君無廢祀民人無

廢主社稷有奉國家無傾乃
吾君也吾誰敢怨哀死事生
以待天命非我生亂立者從
之先人之道也呉自諸樊以
下兄弟相傳
而不立適是亂由先人起也
季子自知力不能討光故云

季子自知力不能討光故云

爾、復命哭墓（復使命於僚墓）復位而

待（復本位待光命）吳公子掩餘奔徐

公子燭庸奔鍾吾（鍾吾小國）楚師

聞吳亂而還（言聞吳亂明郤宛不取賂而還）

郤宛直而和國人說之（以直事君）

以和

ルトミコト

以和鄢將師爲右領右領與
棲類於晩反烏戸反官名
費無極比而惡之惡郤令尹
扶味反毗志反烏路反注同宛
子常賄而信讒無極譖郤宛
卑罪反側鴆反
焉謂子常曰子惡欲飲子酒
於鴆反
子惡又謂子惡令尹欲飲酒
郤宛

郤宛

於子氏子惡曰我賊人也不
足以辱令尹令尹將外來辱
爲惠已甚吾無以酬之若何
酬報獻　無極曰令尹好甲兵子
出之吾擇焉擇取以進子常取五甲

五兵曰寘諸門令尹至必觀
之而從以酬之曰無極辭及饗日
帷諸門左張帷陳兵甲具中無極謂
令尹曰吾幾禍子〻惡將爲
子不利甲在門矣子必無往

且此役也此春救吳可以得潜之役

志子與取賂焉而還又誤羣

師使退其師曰乘亂不祥吳

我喪我乘其亂不亦可乎令尹

使視郤氏則有甲焉不往召

鄢將師而告之告子惡門有甲兵將害己將師退遂令攻郤氏且爇之爇燒也子惡聞之遂自殺也國人弗爇令曰不爇郤氏與之同罪或取一編菅焉或取一

秉秆焉編菅苫也秉把也秆藁國人投
之遂弗爇也令尹炮之炮燔郤宛
盡滅郤氏之族黨殺陽令終
與其弟完及佗令終陽匄子與晉
陳及其子弟晉陳楚大夫皆郤氏之黨晉

皆郤氏之黨

陳之族呼於國曰鄢氏費氏

自以爲王專禍楚國弱寡王

室蒙王與令尹以自利也蒙欺

也令尹盡信之矣國將如何

令尹病之爲下殺無極張本秋會于

人拜之極張本稱會

邑令戍周且謀納公也宋衛皆利納公固請之范獻子取貨於季孫謂司城子梁與北宮貞子子梁宋樂祁也貞子衛北宮喜曰季孫未知其罪而君伐之請囚

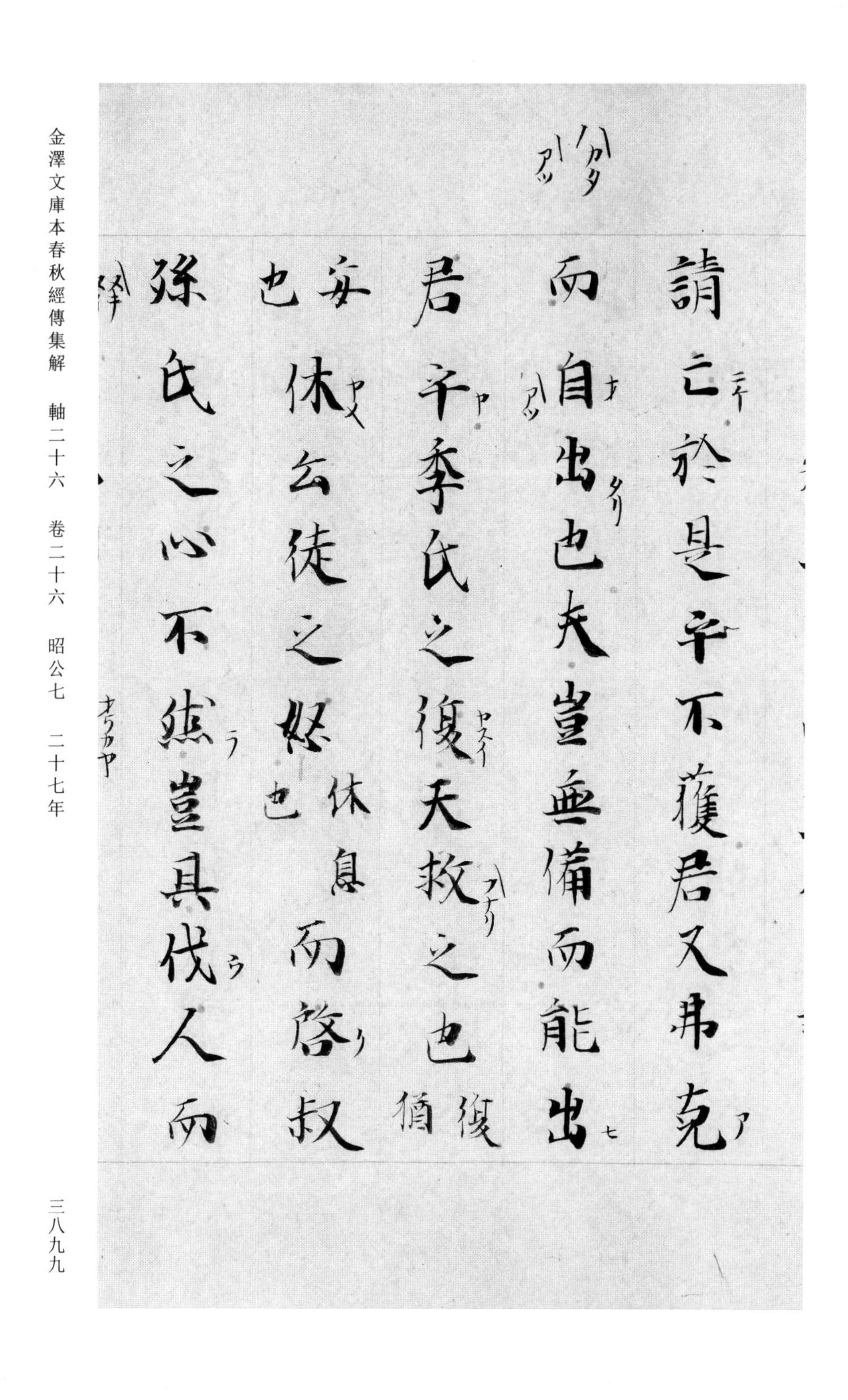

請之於是乎不獲君又弗克而自出也夫豈無備而能出君乎季氏之復天救之也復循安也休公徒之怒休息也而啓叔孫氏之心不然豈其伐人而説

說甲執冰以游叔孫氏懼禍（他活反）
之濫而自同於季氏天之道
也魯君守齊三年而無成季
氏甚得其民淮夷與之（淮夷魯東
夷）有十年之備有齊楚之援

、公雖在齊齊不致力言有天之贊有民

之助有堅守之心有列國之

權而弗敢宣也宣用也事君如

在國盡公行告公至是也故鞅以為難

二子皆圖國者也而欲納魯

君鞅之顧也請從二子以圍魯無成死之二子懼皆辭乃辭小國而以難復以難納白晋君孟懿子陽虎伐鄆陽虎季氏家臣伐鄆欲奪公鄆人將戰子家子曰天命

不慆久矣慆疑也言弃君不疑使君亡
者必此衆也言君據鄆衆以與魯戰必敗亡
天既禍之而自福也不亦難
乎猶有鬼神此必敗也嗚呼
爲無望也夫其死於此乎公

使子家子如晉公徒敗于且
知且知近鄆地也楚郤宛之難國言
未已進胙者莫不謗令尹
進胙國中祭祀也謗詛也沈尹戌言於子
常曰夫左尹與中廄尹莫知

其罪而子殺之以興謗讟至
于今不已左尹郤宛也中廄尹陽令終戌
也惑之仁者殺人以掩謗猶
弗爲也今吾子殺人以興謗
而弗圖不亦異乎夫無極楚

而弗圖不亦異乎夫無極楚
之讒人也民莫不知去朝呉
在十五年出蔡侯朱在二十一年喪太
子建殺連尹奢在二十年也屏王
之耳目使不聰明不然平王
之温恵共儉有過成莊無不

之謁甚苦侯有遺成莊無

及焉所以不獲諸侯邇無極

也邇近也令又殺三不辜以與

大謗三不辜郤氏陽氏晉陳氏幾及子矣

子而不圖將焉用之夫鄢將

師鄢子之命以滅三族三族

師矯（居表反）子之命以滅三族三族

國之良也而不愆（起虔反）位（在位無愆過）

吳有新（新有 本作）君（光新立也）疆（居良反）埸日駭楚

國若有大事子其危哉知（音智）者

除讒以自安也今子愛（受 本作）讒以

自危也甚矣其惑也子常曰

是嚭之罪敢不良圖九月己
未子常殺費無極與鄢將師
盡滅其族以說于國謗言乃
止冬公如齊齊侯請饗之設饗禮
子家子曰朝夕立於其朝又

何饗焉其飲酒也乃飲酒使宰獻而請安比公於大夫也礼君不敵臣宴大夫使宰為主獻之爵也請安齊侯請自安不在坐也

子仲之子曰重為齊侯夫人曰請使重見子仲魯公子愸也十二年謀逐

傳……也十二年謀逐

季氏不能而奔齊令行飲酒

礼而欲使重見從宴媟也

子家子乃以君出辟齊夫人十二

月晉籍秦致諸侯之戍于周

魯人辭以難經所以不書戍周籍秦籍談子

經二十有八年春王三月葬曹

無傳六月……

經二十八年春王三月葬曹

悼公　無傳六月而葬緩　公如晉次于

乾侯　乾侯在魏郡斥丘縣晉境内邑　夏四月

丙戌鄭伯寧卒　無傳未同盟而赴以名

六月葬鄭定公　無傳三月而葬速　秋

七月癸巳滕子寧卒　無傳未同盟而

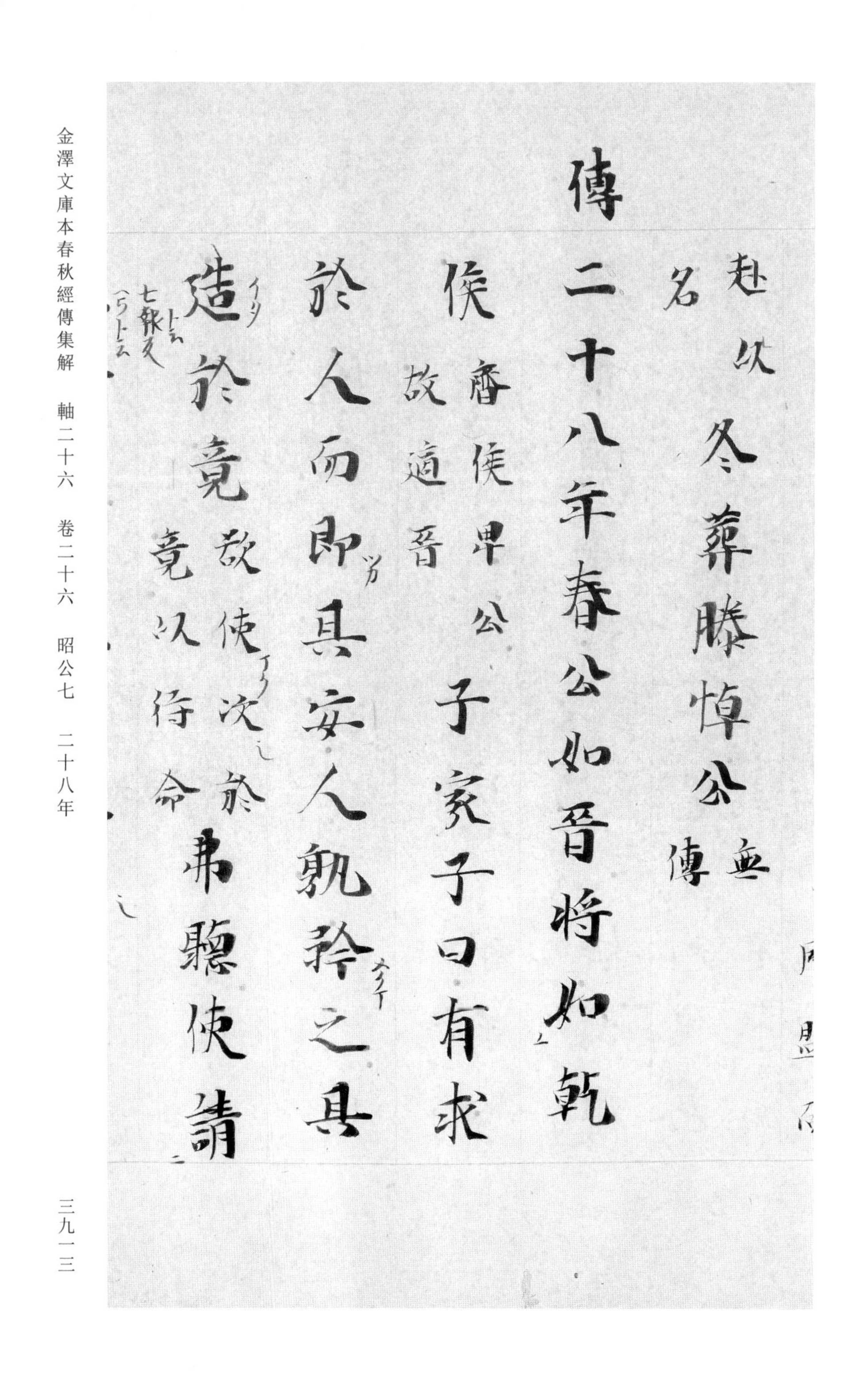

同盟

赴以名冬葬滕悼公無傳

傳二十八年春公如晉將如乾侯晉侯畀公故適晉子家子曰有求於人而即其安人孰矜之其造於竟欲使次於竟以待命弗聽使請

竟以待命

逆於晉々人曰天禍魯國君淹恤在外君亦不使一个辱在寡人（一个單使）而即安於甥舅其亦使逆君（言自使齊逆君）使公復于竟而後逆之（逆者乾侯也言公不能用）

言公不能用

祁巨支反字林[illegible]上尸反

子家所以見辱

晉祁勝與鄔臧通室二子祁盈家臣也通室易妻祁盈將執之盈祁午之子訪於司馬叔游叔游司馬叔侯之子叔游曰鄭書有之惡直醜正實蕃有徒鄭書古書名也言害直正

者寔多

多辟 本又作僻

也言害直正
者寔多無道立矣子懼不免
徒衆
言世亂詩曰民之多辟無自立
讒慝
辟詩大姑已若何姑且也盈
雅已止也
曰祁氏私有討國何有焉言
家臣無遂執之祁勝賂荀躒討
與國事

與國事

荀躒爲之言於晉侯晉侯執

祁盈以具專戮祁盈祁盈之臣曰

鈞將皆死鈞同也慭使吾君聞

勝與臧之死也以爲快慭發語之

音乃殺之夏六月晉殺祁盈

及楊食我

及楊食我楊叔向邑食我叔向子伯石也食我祁盈之黨也而助亂故殺之遂滅祁氏羊舌氏初叔向欲娶於申公巫臣氏夏姬女也其母欲娶其黨叔向曰吾母多

而庶鮮吾懲舅氏矣　言父多妾媵而庶子鮮少嫌母氏性不嬪

其母曰子靈之

妻殺三夫　子靈巫臣妻夏姬也三夫陳御叔楚襄老及巫臣也時巫臣已死

一君　陳靈公

一子　夏徵舒

而亡一國　陳也

兩卿矣

孔寧義 可無懲乎吾聞之甚
行父
美必有甚惡是鄭穆少妃姚
子之子〻絡之妹也 子絡鄭
靈公夷
子絡早死無後而天鍾美於
是夏姬也鍾聚也子
絡死在宣四年
是 將必

黰　之忍反說文作㐱又作鬒云稠髮也

取　如字又七住反

惏　力耽反方言云楚人謂貪爲惏

終死在宣四年

以是大有敗也昔有仍氏生

女黰黑有仍古諸侯也美髮爲黰也而甚

美光可以鑑髮膚光色可以照人名曰

玄妻以髮黑故樂正后夔取之夔舜

典樂之君長生伯封實有豕心貪惏

類

君長

無饜忿纇無期謂之封豕纇戾

也封大也有窮后羿滅之夔是以

不祀羿篡夏后若且三代之亡共

子之廢皆是物也夏以末喜殷以妲己周

以褒姒三代所由亡也共子晉申生以驪姬廢女何

以爲哉夫有尤物足以移人
苟非德義則必有禍也尤異
向懼不敢取平公強使取之
生伯石〻〻始生子容之母
走謁諸姑子容母叔向嫂伯華妻也姑叔向母

華妻也姑叔向母

曰長叔姒生男兄弟之妻相謂姒姑

視之及堂聞其聲而還曰是

豺狼之聲也狼子野心非是

莫喪羊舌氏矣遂弗視秋晉韓

宣子卒魏獻子爲政獻子魏舒分

宣子卒魏獻子為政魏舒魏子分
祁氏之田以為七縣七縣鄔祁平陵梗陽塗水馬首盂也分羊舌氏之田以為三縣銅鞮平陽楊氏司馬彌牟為鄔大夫太原鄔縣賈辛為祁大夫太原祁縣司馬烏為平陵大夫魏

祁縣

戊為挭陽大夫戊魏舒庶子挭陽在大原晉陽縣南知徐吾為塗水大夫徐吾知盈孫塗水太原榆次縣韓固為馬首大夫固韓起孫孟丙為盂大夫太原盂縣樂霄為銅鞮大夫上黨銅鞮縣趙

樂霄爲銅鞮大夫　鞮縣　之

朝爲平陽大夫　朝趙勝曾孫　平陽〻〻縣

僚安爲陽氏大夫　平陽楊氏縣　謂

賈辛司馬烏爲有力於王室

二十二年辛烏帥師納敬王　故舉之謂知

徐吾趙朝韓固魏戊餘子之

不失職能守業者也卿之庶子爲餘子具四人者皆受縣而後見於魏子以賢舉也四人司馬彌牟孟丙樂霄僚安也受縣而後見言采衆而舉不以私也魏子謂成鱄晉大夫吾與戊也縣

……大夫

人具以我爲黨乎對曰何也

戊之爲人也逮不忘君 逮疏遠也

近不偪同 不偪同位 居利思義 不苟

得 在約思純 無濫心 有守心而

無淫行雖與之縣不亦可乎

昔武王克商光有天下光大也其兄弟之國者十有五人姬姓之國者四十人皆舉親也夫舉無他唯善所在親疏一也詩曰唯此文王帝度其心

詩作比王季

待洛反下及注同

莫具德音具德克明〻〻克

亡白反又如字尔雅云貊ー安定也下及注同

類克長克君王此大國克順

丁丈反下及注同

克比〻于文王具德靡悔既

于況反注能ー同

受帝祉施于孫子詩大雅美

以豉反注同

文王能王

大國受天福

施及子孫心能制義曰度

帝度其心德正應和曰莫莫然清静照
臨四方曰明勤施無私曰類
施而無私物得其所無失類也教誨不倦曰
長教誨長人之道賞慶刑威曰君作威
作福君之職也慈和偏服曰順唯順故天

之職也[illegible]故天
下偏服擇善而從之曰比比方善事
使相從也經緯天地曰文經緯相錯故織
成文九德不愆作事無悔九德上九
曰也皆无愆過則勸无悔吝故襲天祿子
孫賴之襲受也主之舉也近文

孫輔之也

德矣所及其不遠哉舉魏氏等勤施

無私也其四人者擇善而從故曰近文德所及遠也賈

辛將適其縣見於魏子〻〻曰辛來昔叔向適鄭鬷蔑惡

惡貌醜欲觀叔向從使之收器

醜

歛着從隨也隨使人而往立於應歛設俎豆者

堂下一言而善叔向將飲酒

聞之曰必鬷明也鬷聞其賢故聞其言而知之

下執其手以上曰昔賈

將享叉下并注同

大夫惡賈國之大夫惡亦醜也娶妻而

惡亦醜也

美三年不言不笑御以如臯爲妻御之臯澤射雉獲之其妻始笑而言賈大夫曰才之不可以已我不能射女遂不言不笑夫今子少不颺顏貌不揚頭子若

無言吾幾失子矣言之不可
以已也如是遂如故知今女
有力於王室吾是以舉女因賈
辛有辛功而後舉之言人不可无能
行乎敬之
哉毋墮乃力墮損也
仲尼聞魏

子之舉也以爲義曰近不失

親謂舉魏戊遠不失舉以賢舉可謂

義矣又聞其命賈辛也以爲

忠先賞王室之功故爲忠詩曰永言配

命自求多福忠也詩大雅永長也言能

長也言能

長配天命致多魏子之舉也福者唯忠也義具命也忠具長有後於晉國乎冬梗陽人有獄魏戊不能斷以獄上上魏子具大宗賂以女樂訟者之大宗魏子將受之

魏戊謂閻沒女寬二人〔魏子之屬大夫〕
曰主以不賄聞於諸侯若受
梗陽人賄莫甚焉吾子必諫
皆許諾退朝待於庭〔魏子朝若退而
待於魏子之庭〕饋入召之〔召二大夫食〕比

子之庭[illegible]夫食[illegible]

置三歎既食使坐吏命之令坐魏

子曰吾聞諸伯叔諺曰唯食

忘憂吾子置食之間三歎何

也同辭而對曰或賜二小人

酒不夕食或他人也言飢甚饋之始

至退具不足是以歎中置自

咎曰豈將軍食之而有不足

是以再歎　魏子中軍帥故謂之將軍　及饋

之畢願以小人之腹爲君子

之心屬厭而已　屬足也言小人之腹飽猶

厭於監反又於豔反注同

之以屬厭而已人之腹飽猶知厭足君子之心亦宜然也獻子辭梗陽人傳言魏氏所以興也

經二十有九年春公至自乾侯居于鄆以乾侯至不得見晉侯故齊侯使高張來唁公唁公至晉不見受高張高偃子

[illegible]受高張高[illegible]子

唁　公如晉次于乾侯　復扶又反不見受往乾

侯　夏四月庚子叔詣卒　无傳　秋

七月冬十月鄆潰　又無傳民逃其上曰戸對反潰

潰散叛公

傳

二十九年春公至自乾侯處鄆

傳二十九年春公至自乾侯處于鄆齊侯使高張來唁公稱主君比公於大夫子家子曰齊卑君矣君祇辱焉言往事晉公適取辱公如乾侯爲齊所卑故復適晉冀見恤三月己卯京師殺召伯盈尹氏固

及原伯魯之子皆子朝黨也稱伯魯子終不說學

尹固之復也二十八年尹固与子朝俱奔楚而道還

有婦人遇之周郊

尤之曰處則勸人為禍行則

數日而反是夫也其過三歲

年夏五月庚寅王子趙車入于鄻以叛陰不佞敗之趙車子朝之餘黨也見王殺伯盈等故叛鄻周邑平王每歲賈馬賈買也具從者之衣屨而歸之于乾侯公執歸馬者賣

賣其乃不歸馬衛侯來獻其
馬
乘馬曰啓服啓服馬名塹而死隨塹
死又也
公將爲之櫝爲作棺也子家子
吁子曰從者病矣請以食之乃
以幃裹之礼曰敝幃不弃爲埋馬也公賜

如字又繩證反　七豔反　于僞反下同　徒木反棺也
爲　如字　于僞反

[illegible]奔爲埋馬也公[illegible]

公衍羔裘使獻龍輔於齊侯

龍輔玉名遂入羔裘齊侯喜與之

陽穀陽穀齊邑公衍公爲之生也

其母偕出産舍公衍先生公

爲之母相與偕出請相與偕

[illegible]

爲之母相與偕出請相與偕

告留公衍母使待已共白公三日公爲生

其母先以告公爲爲兄公私

喜於陽穀而思於魯曰務人

爲此禍也務人公爲也始與公若謀逐季氏

且後生而爲兄其誣也久矣

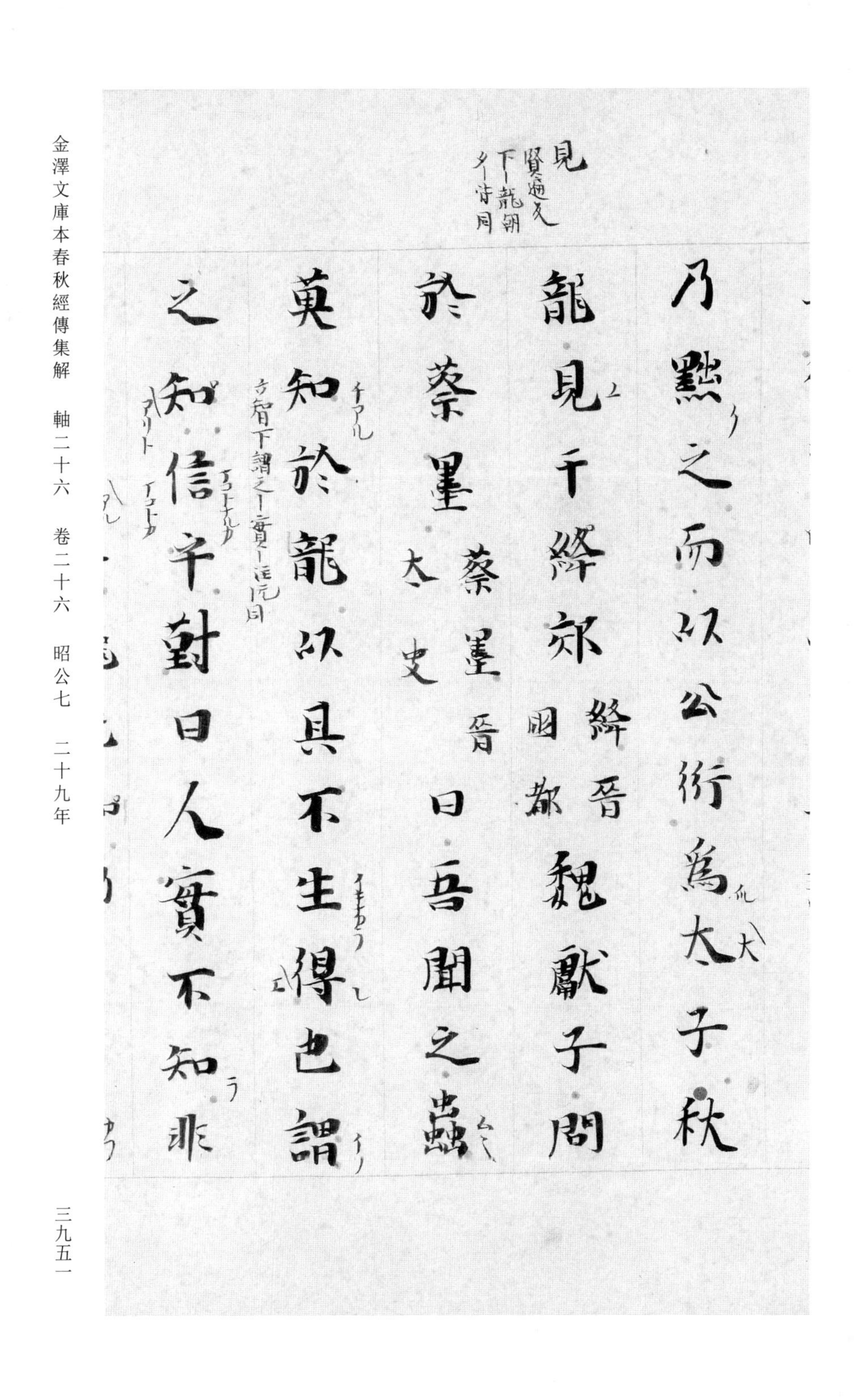

見賢遍反下ー龍朝夕ー皆同

乃黜之而以公衍爲大子秋

龍見于絳郊絳晉國都魏獻子問

於蔡墨蔡墨晉大史曰吾聞之蟲

莫知於龍以其不生得也謂立智下謂之ー實ー注況同

之知信乎對曰人實不知非

龍實知〔言龍元知乃人不知之耳〕古者畜龍故國有豢龍氏有御龍氏〔豢御養也〕獻子曰是二氏者吾亦聞之而不知其故是何謂也對曰昔有飂叔安〔飂古國也叔安其君〕

對曰昔有飂力謬反叔安其君

名有裔子曰董父裔遠也玄孫之後為

裔實甚好龍呼報反能求其耆特止反欲以

飲食之龍多歸之乃擾而小反畜龍

以服事帝舜帝賜之姓曰董

擾順也氏曰豢龍豢龍官名官有世功則以

食音嗣下不能飲食之夏后同

於鴆反下同

以制反

也[illegible]

官封諸鬷川鬷夷氏其後也
氏
鬷水上夷
故帝舜氏世有畜
皆董姓
龍及有夏孔甲擾于有帝
孔甲
少康之後九世君
帝賜之乘龍
也其德能順於天
河漢各二合為各有雌雄孔

甲不能食而未獲豢龍氏有（杜云合爲四也服云河漢各二乘）

陶唐氏既衰其後有劉累（陶唐）

（堯所治地）學擾龍于豢龍氏以事

孔甲能飲食龍之夏后嘉之

賜氏曰御龍（夏后孔甲）以更豕韋

孔甲

之後更代也以劉累代彭姓之豕韋累尋遷魯縣豕韋復國至商而滅累之後世復表其國為豕韋氏在襄二十四年

龍一雌死潛醢以食夏后潛藏也藏以為醢明龍不知夏后饗之既而使求之求致龍也懼而遷于魯

而使求之〻龍也懼而遷于

縣不能致龍故擢遷魯縣自貶退也魯縣今魯陽也

范氏其後也晉范氏也獻子曰今

何故無之對曰夫物〻有其

官〻脩其方方法術朝夕思之如字ノ夕見同

一日失職則死及之失職有罪也

一日失職則死及之罪也失官不食不食祿官宿其業宿猶安也其物乃至設水官修則龍至若泯棄之物乃坻伏泯滅也坻止也鬱湮不育鬱滯也湮塞也育生也故有五行之官是謂五官實列受氏姓

封為上公爵上公祀為貴神社稷五祀是尊是奉五官之君長能脩其業者死皆配食於五行之神為王者所尊奉木正曰句芒正官長也取木生句曲而有芒角也其祀重焉火正曰祝融祝融明貌其祀犂焉也金

祀犂焉也

正曰蓐收秋物摧蓐而可收也具祝該焉水正曰玄冥水陰而幽冥具祀脩及熙焉土正曰后土土爲羣物主故稱后也具祀句龍焉在家則祀中霤在野則爲社龍水物也水官棄矣故龍不生得棄廢也不

然周易有之言若不爾周易无緣有龍在乾䷀乾下乾上乾之姤䷫巽下乾上姤乾初九變曰潛龍勿用乾初九爻辭其同人䷌離下乾上同人乾九二變曰見龍在田乾九二爻辭其大有䷍乾下離上大有

文辭上大有乾九五變曰飛龍在天乾九五文辭具夬䷪乾下兌上夬乾上九變曰亢龍有悔乾上九文辭具坤䷁坤下坤上坤乾六文皆變曰見羣龍無首吉乾用九文辭坤之剝䷖坤下艮上剝坤上六變曰龍

坤上六變

戰于野上爻辭若不朝夕見誰能物之物謂上六卦所稱龍各不同也今說易者皆以龍喩陽氣如史墨之言則爲皆是眞龍獻子

曰社稷五祀誰氏之五官也周五官之長皆是誰對曰少皥氏有四

叔（少皞金天氏）曰重曰該曰脩曰
熙實能金木及水（能治其官也）使
重為句芒（木正）該為蓐收（金正）脩
及熙為玄冥（二子相代為水正）世不
失職遂濟窮桑此其三祀也

職遂濟窮桑此其三祀也

窮桑少皞之號也四子能治
具官使不失職濟成少皞之
功死皆為民所祀
窮桑地在魯北
顓頊氏有子曰犁為祝融犁為火正共工氏
有子曰句龍為后土共工在大皞後神
農前以水名官其子句龍
能平水土故死而見祀
此

烈 如字礼記作厲山

能平水土故死而見祀

具二祀也后土爲社方荅社稷故明言社

爲稷田正也掌播殖也有烈山

氏之子曰柱爲稷烈山氏神農世諸侯

自夏以上祀之祀柱周弃亦爲

稷弃周之始祖能播百穀湯既勝夏廢柱而以弃代之

既勝夏廢柱而以棄代之

自商以來祀之傳言蔡墨之博物

晉趙鞅荀寅帥師城汝濱趙鞅

趙武孫也荀寅中行荀吳之子汝濱晉所取陸渾地

遂賦晉國一鼓鐵以鑄刑鼎令晉國各出功力共鼓石為鐵計令一鼓而足因軍役而

一鼓

鐵計令一鼓而足因軍役所
為之故著范宣子所為刑書
言遂
焉仲尼曰晉其亡乎失其度
矣夫晉國將守唐叔之所受
法度以經緯其民卿大夫以
序守之序位次也民是以能尊其

次也

貴〻是以能守其業貴賤不

愆所謂度也文公是以作執

秩之官爲被廬之法僖二十七年文

公蒐被廬脩以爲盟主今弃

唐叔之法

是度也而爲刑鼎民在鼎矣

蒐 本又作搜 所求反

何以尊貴弃礼徵書故不尊貴貴何業
之有民不奉上則上失業貴賤無序何
以為國且夫宣子之刑夷之
蒐也晉國之亂制也范宣子所用刑
乃夷蒐之法也夷蒐在文六
年一蒐而三易中軍帥賈季
箕鄭之徒遂作亂

年一蒐而三易中軍帥賈季箕鄭之徒遂作亂故曰亂制若之何以爲法蔡史墨曰范氏中行氏其亡乎蔡史墨即蔡墨中行寅爲下卿而干上令擅作刑器以爲國法是法姦也又加范氏焉易

之亡也范宣子刑書中既廢
矣今復興之是成其
咎其及趙氏趙孟與焉然不
得已若德可以免鑄刑鼎本
非趙鞅意
不得已而從之若能修德可
以免禍爲鄭十三年荀寅士
吉射入朝
歌以叛

[illegible]以叛

經

三十年春王正月公在乾侯釋不朝正于廟夏六月庚辰晉侯去疾卒未同盟而赴以名秋八月葬晉頃公二月而葬速冬十有二月吳滅徐徐子章羽奔楚徐子稱名以名告也

本或作禹

以名告也

傳三十年春王正月公在乾侯不先書鄆與乾侯非公且徵過也

徵明也二十七年二十八年公在鄆二十九年公在乾侯而經不釋朝正之礼者所以非責公之妄且明過謬猶可掩故不顯書其所在使若在國然自是鄆人潰叛季[illegible][illegible]公子家忠謀終不

在侯若在國然自是衆人潰
叛齊晉甲公子家忠謀終不
能用内外弃之非復過誤所
當掩塞故每
歲書公所在
夏六月晉頃公
卒秋八月葬鄭游吉弔且送
葬魏獻子使士景伯詰之曰
悼公之喪子西弔子蟜送葬
在襄十

悼公之喪子西弔子蟜送葬在襄十五年今吾子無貳何故弔喪共使對曰諸侯所以歸晉君禮也禮也者小事大〻字小之謂事大在共其時命隨時共所求字小在恤其所無以敝邑居

字小在恤其所無以敝邑居大國之間共其職貢與其備御不虞之患豈忘共命言不敢忘共命以所備御昔多下及辭之先王之制諸侯之喪士弔大夫送葬唯嘉好聘享三軍之事於是乎使卿晉之喪

□單之事□□□□晉之□

事敝邑之間先君有所助執

紼矣紼輓索也礼送葬必執紼若其不間

雖士大夫有所不獲數矣不得如先王礼數

大國之惠亦慶其加

慶善也謂善其君自行而不討其乏明

其君自行

底其情底致也取備而已以爲

禮也靈王之喪在襄二十九年我先

君簡公在楚我先大夫印段

實往敝邑之少卿也詩照反注同少年少也王

吏不討恤所無也今大夫曰

女盡從舊盡何不也舊有豐有省不知所從從其豐則寡君幼弱是以不共從其省則吉在此矣唯大夫圖之晉人不能詰傳言大叔之敏吳子使徐人執掩

放之

餘使鍾吾人執燭庸二十七年奔敘

二公子奔楚〻子大封而定

其徙大封與土田定其所徙之居使監馬

尹樂大心逆吳公子使居養

二子奔楚〻使逆之於養尹

竟也養即所封之邑

竟也。養即所封之邑。

㳂。左司馬沈尹戌城之，取於城父與胡田以與之。胡田故胡子之地。將以害吳也。子西諫曰：吳光新得國，而親其民，視民如子，辛苦同之，將用之也。若好吳

[illegible]

邊彊

邊彊柔服焉猶懼其至柔服謂不與吳搆怨吾又彊其讎以重怒之無乃不可乎讎謂二公子吳周之胄裔也而棄在海濵不與姬通今而始大比于諸華又

其文將自同於先王先王謂大王王季亦自西戎始比諸華不知天將以爲虐乎使翦喪吳國而封大異姓乎其抑亦將卒以祚吳乎其終不遠矣言其事行可知不久我盡姑

億吾鬼神億安也而寧吾族姓

以待其歸善惡之歸將焉用自播

揚焉播揚猶勞動也王弗聽吳子怒

冬十二月吳子執鍾吾子遂伐

徐防山以水之防壅山水以灌徐己

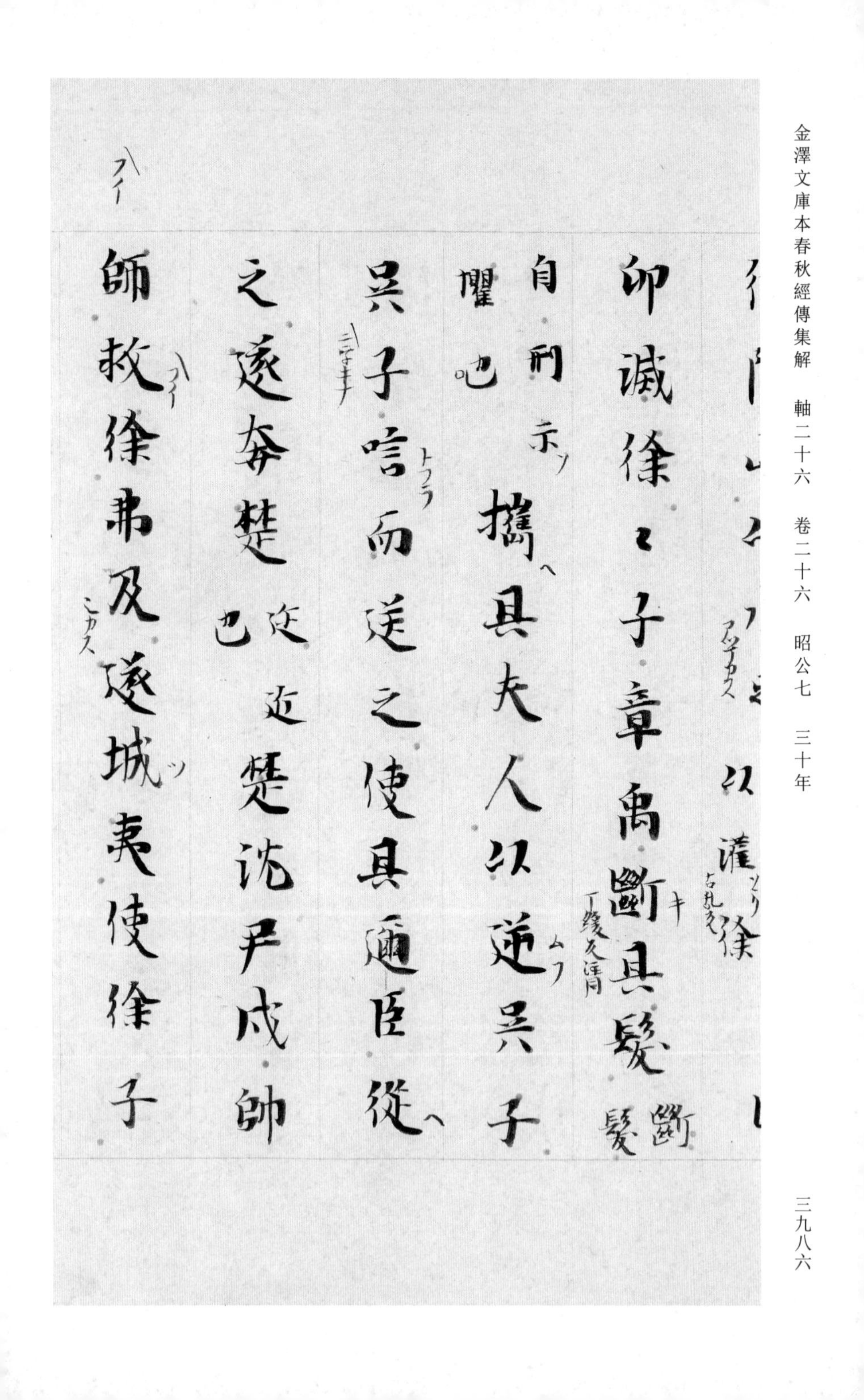

[illegible]以灌徐

卯滅徐〻子章禹斷其髮斷髮自刑懼也

攜其夫人以逆吳子

吳子唁而送之使其邇臣從

之遂奔楚迩近也楚沈尹戌帥

師救徐弗及遂城夷使徐子

處之（夷城父也）吳子問於伍員曰

初而言伐楚（在二十年）余知其可

也而恐其使余往也又惡人

之有余之功也今余將自有

之矣伐楚何如對曰楚執政

者衆而乖莫適任患若為三師以肄焉肄猶替也一師至彼必皆出彼出則歸彼歸則出楚必道敝罷敝於道亟肄以罷之亟數也多方以誤之既罷而後以三

軍繼之以大克之闔廬從之

楚於是乎始病爲定四年吳入楚傳

經

三十有一年春王正月公在

乾侯季孫意如會晉荀躒于

適歷適歷晉地夏四月丁巳薛伯

晉地

穀卒襄二十五年盟重丘晉侯使荀躒

唁公于乾侯將使意如逆公故荀躒來言

秋葬薛獻公無傳冬黑肱以濫

來奔黑肱邾大夫濫東海昌盧縣不書邾史闕文

十有二月辛亥朔日有食之

十有二月辛亥朔日有食之

傳

三十一年春王正月公在乾

侯言不能外內也公內不容於臣子外

不容於齊晉所以久在乾侯晉侯將以師

納公范獻子曰若召季孫而

不來則信不臣矣然後伐之

若何晉人召季孫獻子使私

焉曰子必來我受其無咎　言我其九反下注放此

焉子受無咎之任于偽反　季孫意如會晉荀

躒于適歷荀躒曰寡君使躒

謂吾子何故出君如字又勅律反有君不事

周有常刑子其圖之季孫練
冠麻衣跣行伏而對曰事
君臣之所不得也敢逃刑命
言願事君〻不肯還不敢辟罪
君若以臣爲
有罪請囚于費以待君之察也

請囚于費以待君之察

也亦唯君若以臣之故不絕

季氏而賜之死雖賜以死不絕其後也

若弗殺弗亡君之惠也死且

不朽若得從君而歸則固臣

之願也敢有異心君皆謂魯侯也蓋季

[illegible]侯也盡季孫採言罪己輕重以答荀躒

夏四月季孫從知伯知乾侯知伯荀躒子家子曰君與之歸一慚之不忍而終身慚乎公曰諾衆曰在一言矣君必逐之言晉既憂君君一言使晉

君一言使晉

晉必逐之　荀躒以晉侯之命唁公

且曰寡君使躒以君命討於

意如意如不敢逃死君其入也公

曰君惠顧先君之好施及亡

人將使歸糞除宗祧以事君

人將使歸糞除宗祧以事君則不能見夫人已所能見夫人者有如河夫人謂季孫也言若見季孫已當受禍明如河何以自誓荀躒掩耳而走怪公所言示不忍聽曰寡君其罪之恐敢與知魯國之難言恐獲不納君之罪

能與知魯國之難納君之罪

（令納而不入何敢復知耶）臣請復於寡君

退而謂季孫君怒未怠子姑

歸祭（歸攝君事）子家子曰君以一

乘入于魯師季孫必與君歸

公欲從之衆從者脅公不得

公欲從之衆從者脅公不得

歸傳言居弱不得復自在薛伯穀卒同

盟故書謂書名也入春秋未薛始書名故發傳經

在荀躒唁公上傳在下者欲魯事相次秋呉人

侵楚伐夷侵潛六皆楚邑楚沈尹

戍師師救潛呉師還楚師遷

戌帥師救潛吳師還楚師遷
潛於南崗而還吳師圍弦左
司馬戌右司馬稽帥師救弦
及豫章左司馬沈尹戌吳師還始用
子胥之謀也謀在前年冬邾黑肱
以濫來奔賤而書名重地故

以[illegible]來奔賤而書名重地故

也黑肱非命卿故曰賤君子曰名之不

可不慎也如是是黑肱也夫有所有

名而不如其已有所謂有地也言雖有名

不如无名已止也以地叛雖賤必

書地以名其人終為不義弗

可滅已是故君子動則思禮
行則思義不為利回（回正心也）不
為義疚（疚病也見義則為之）或求名而
不得或欲蓋而名章懲不義
也齊豹為衛司寇守嗣大夫

也齊豹衛司寇守嗣大夫
守先人嗣作而不義具書爲
言具尊
齊豹書盜事
盜求名而不得也二十年豹殺衛侯兄縶求不畏彊禦
三叛人名事
之名邾庶其在襄二十一年莒牟夷在五
年邾黑肱以土地出求食而
已不求具名賤而必書春秋叛者

[illegible]叛者
多唯取三人来適尊者三北
人背小国大夫故曰賤
二物者所以懲肆而去貪也
物事也肆放也齊豹書盜
懲肆也三叛人名去貪也
若
艱難其身身為艱難以險危大人
大人在位者
而有名章徹謂得昜名攻

位者

難之士將奔走之攻猶作也奔走猶赴

趣也若竊邑叛君以徼大利而

無名謂不書具人名貪冒之民將寘

力焉書力焉之下顧於見書是以春秋

書齊豹曰盜三叛人名以懲

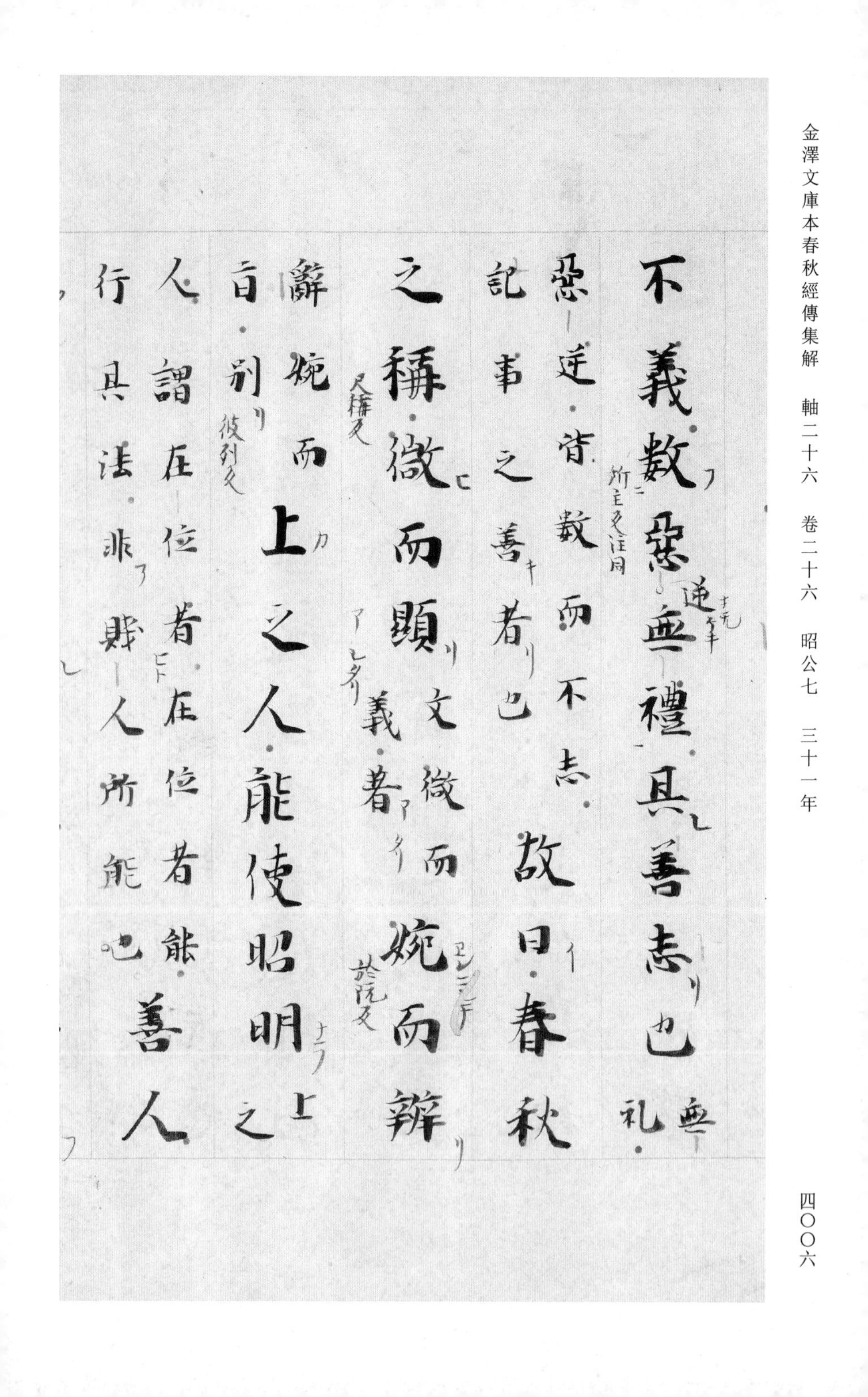

不義數惡無禮其善志也惡逆背數而不志記事之善者也故曰春秋之稱微而顯文微而義著婉而辨辭婉而旨別上之人能使昭明上之人謂在位者在位者能行其法非賤人所能也善人

行其法非賤人所能也善人
勸焉淫人懼焉是以君子貴
之十二月辛亥朔日有食之
是夜也趙簡子夢童子臝而
轉以歌轉婉轉也旦占諸史墨曰
吾夢如是今而日食何也簡子

夢適與日食會謂咎在己故問之 對曰六年及此月也吳其入郢乎終亦弗克 史墨知夢非日食之應故釋日食之咎而不釋其夢 入郢必以庚辰 庚日有變日在辰尾故曰以庚辰定四年十一月庚辰吳入郢 日月在

十一月庚辰吳入郢
辰尾辰尾龍尾也周十二月今之十月日月合朔於
辰尾而食庚午之日〻始有謫火
勝金故弗克謫變氣也庚午十月十九日去
辛亥朔四十一日雖食在辛亥更以始變爲占也午南方
楚之位也午火庚金也日以庚午有變故災在楚〻之仇
敵唯吳故入郢必吳火勝金者

庚午有變故災在楚〻之仇
敵推吳故知入郢必吳火勝金者
金爲火妃食在辛亥〻水也
水數六故
六年也

經

三十有二年春王正月公在
乾侯取闞無傳公別居乾侯
遣人誘闞而取之
不用
師徒夏吳伐越秋七月冬仲

師彼

孫何忌會晉韓不信齊高張

宋仲幾衛世叔申鄭國參曹

人莒人薛人杞人小邾人城

成周世叔申世叔儀孫也國參子產之子不書盟時

公在外未及告公之已薨十有二月己未

告公之已薨

公薨于乾侯

傳三十二年春王正月公在乾侯言不能内外又不能用其人也其人謂子家覊也言公不能用其人故於今猶在乾侯夏吳伐越始用師於越

侯……

也　自此之前雖疆事小爭未嘗用大兵　史墨曰

不及四十年越其有呉乎　存亡

之數不過三紀歳星三周三

十六歳故曰不及四十年哀

二十二年越滅呉

至此三十八歳　越得歳而

呉伐之必受其凶　此年歳在

星紀星紀

吳越之分（扶問反）也。歲星所在，其國有福。吳先用兵，故反受其殃（於良反）。

秋，八月，王使富辛與石張如晉請城成周。子朝之亂，其餘黨多在王城，敬王畏之，徙都成周。成周狹小，故請城之。天子曰：天降禍于周，俾我兄弟並

（本又作卑同必爾反注同）

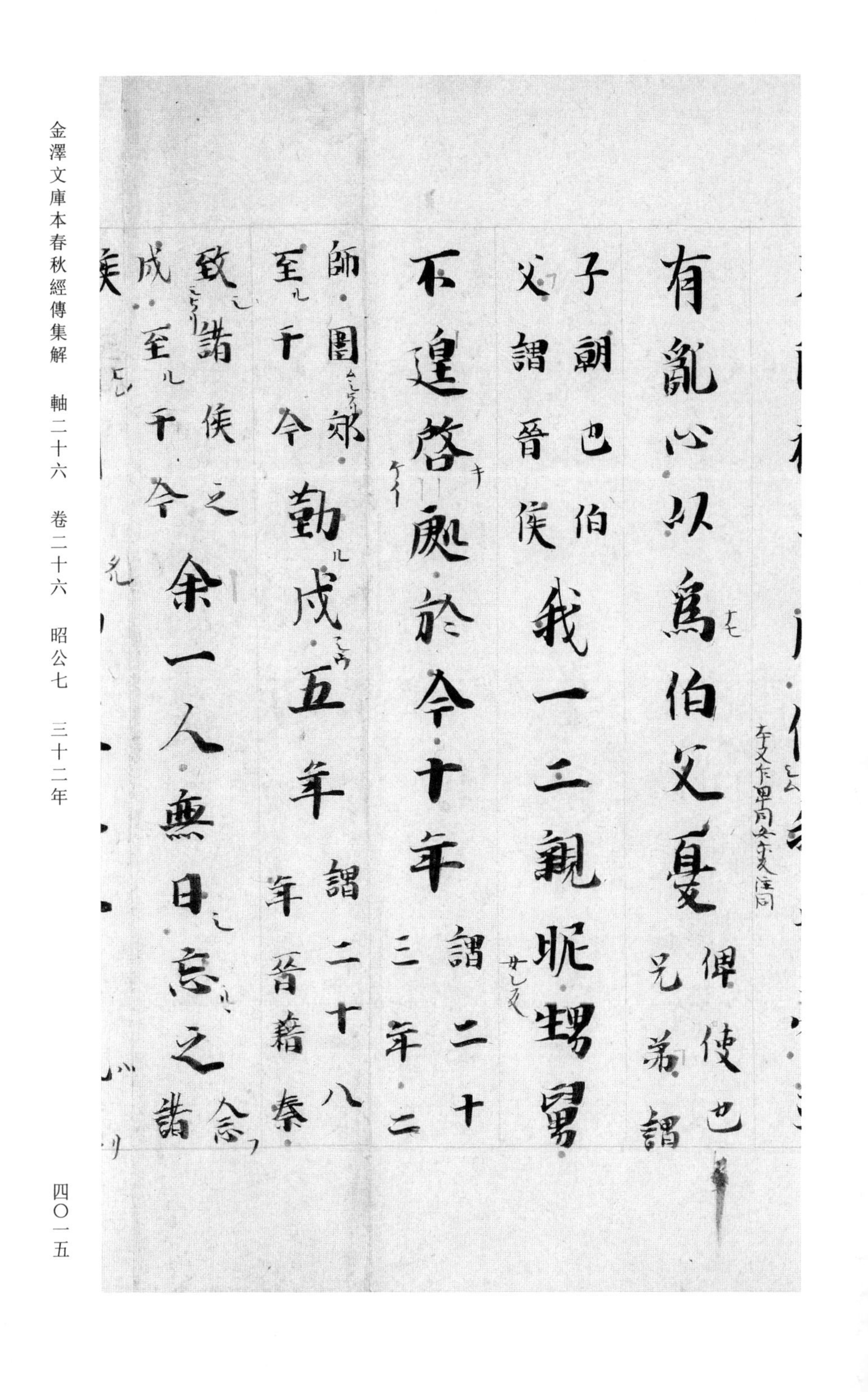

有亂心以爲伯父憂俾使也兄弟謂

子朝也伯父謂晉侯我一二親暱甥舅

不遑啓處於今十年謂二十三年二

師圍郊至于今勤戍五年謂二十八年晉籍秦

致諸侯之戍至于今余一人無日忘之念諸

侯

成至于令

侯晉閔閔焉如農夫之望歲懼

以待時閔閔憂貌王憂亂常閔々冀望安定如農

夫之憂飢冀望來歲之將熟伯父若肆大

惠復二文之業弛周室之憂

肆展放也二文謂文侯仇文公重耳也弛猶解也徼文

仇文公重耳　弛猶解也

武之福以固盟主宣昭令名

則余一人有大願矣昔成王

合諸侯城成周以為東都崇

文德焉　作成周遷殷民以為京師之東都所以崇文王之德

今我欲徼福假靈于成

之德

王脩成周之城俾戍人無勤

諸侯用寧蝥賊遠屏晉之力

也蝥賊謂災害其委諸伯父使伯

父實重圖之俾我一人無徵

怨于百姓徵召也而伯父有榮

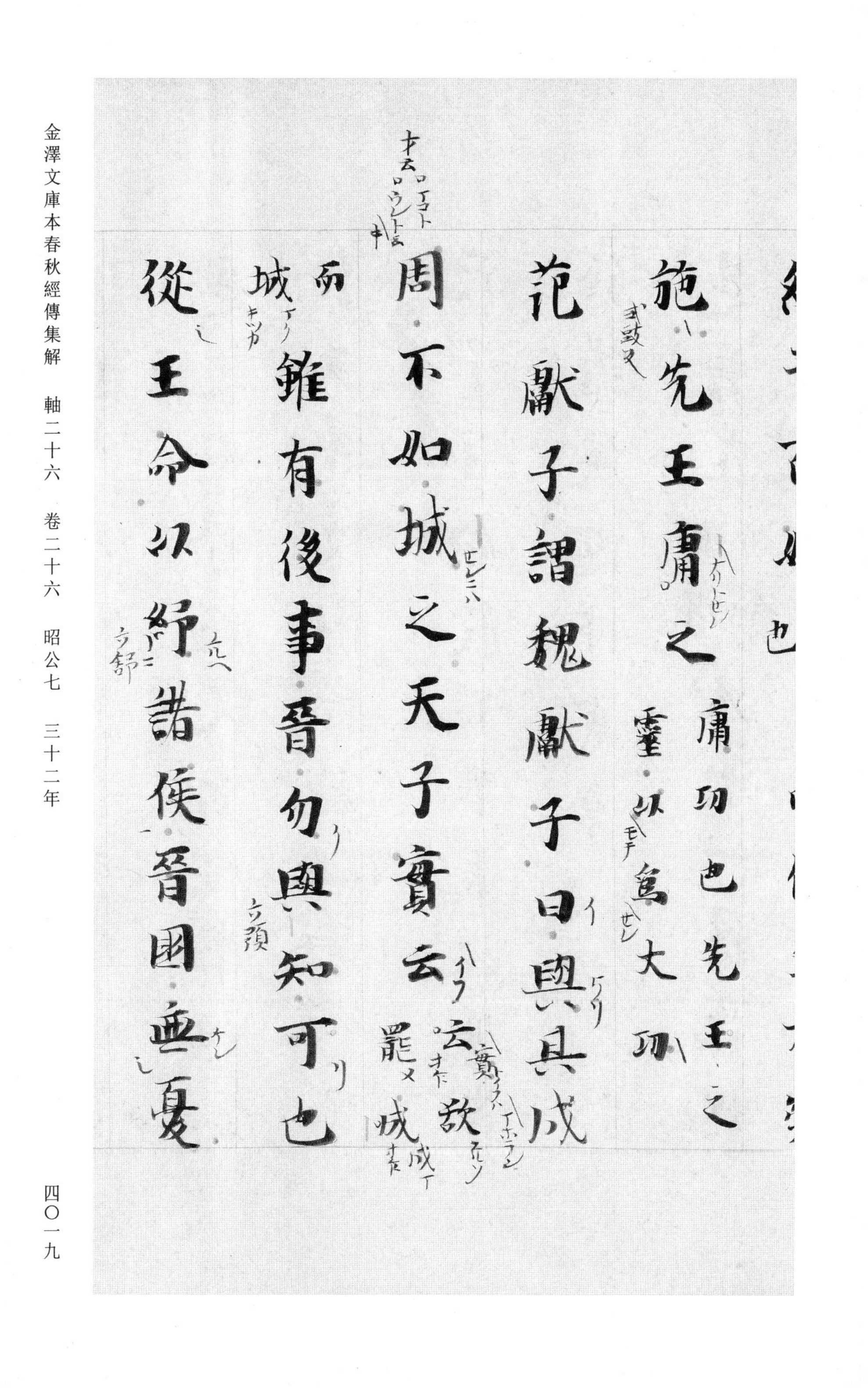

施先王庸之　庸功也先王之靈以爲大功

范獻子謂魏獻子曰與其戍

周不如城之天子實云　云欲罷戍

戍城雖有後事晉勿與知可也

從王命以紓諸侯晉國無憂

從王命以紓諸侯晉國無憂

是之不務而又焉從事魏獻

子曰善使伯音對伯音韓不信曰

天子有命敢不奉承以奔告

於諸侯遲速衰序衰差也序次也於

是焉在在周所命冬十一月晉魏

舒韓不信如京師合諸侯之大夫于狄泉尋盟且令城成周尋平丘盟魏子南面居君位衛彪傒曰魏子必有大咎干位以令大事非其任也彪傒衛大夫詩

營周城

曰敬天之怒不敢戲豫敬天之渝不敢馳驅詩大雅戒王者言當敬畏天之譴怒不可遊戲逸況敢豫驅馳自恣渝變也于位以作大事乎己丑士彌牟營成周計丈數計所當城之丈數也

度　待洛反下文及注同

幾　居豈反下皆同

之攻數也

揣高卑　度高曰揣　度厚薄仞溝

洫　度深曰仞也　物土方議遠邇　物相也相取土之方面遠近之宜

量事期　知事幾時

卑　計徒庸　知用幾人功也　慮財用　知費

書餱糧　知用幾　糧食　以令役於諸

侯屬役賦丈賦所當書以授

帥師帥諸侯之大夫而效諸劉子效致也

韓簡子臨之以爲成命臨履事

以命諸侯經所以不書魏舒十二月公疾

徧賜大夫者從公大夫不受賜

徧　本又作遍下同　本又作疾病

徧賜大夫者大夫不受賜

子家子雙琥一環一璧

輕服細好之服受之大夫皆受其

賜己未公薨子家子反賜於

府人曰吾不敢逆君命也大

夫皆反其賜書曰公薨于乾

夫皆反其賜書曰公薨于乾
侯言失其所也不薨路寢為失所趙
簡子問於史墨曰季氏出其
君而民服焉諸侯與之君死
於外而莫之或罪也對曰物
生有兩有三有五有陪貳故天

生有兩有三有五陪貳故天
有三辰謂有三有地有五行謂有五有
躰有左右謂有兩各有妃耦謂陪
貳王有公諸侯有卿皆有貳
也天生季氏以貳魯侯爲日
久矣民之服焉不亦宜乎魯

君世從其失季氏世脩其勤

子用反本亦作縱

民忘君矣雖死於外其誰矜之

之社稷無常奉奉之無常人言唯德也

君臣無常位自古以然史墨跡上文古

今以實言故詩曰高岸爲谷深谷

臣大

賓言

爲陵詩小雅言高下有變易三后之姓

於今爲庶主所知也三后虞夏商

在易卦雷乘乾曰大壯䷡乾下

震上大壯震在乾上故曰雷乘乾天之道也

乾爲天子震爲諸侯而在乾

上君臣易位猶大臣強壯若

天ノ上……桓

臣大

上君臣易位猶大臣強壯若天上有雷

昔成季友桓之季也文姜之愛子也始震而卜人謁之曰生有嘉聞嘉名聞於世其名曰友爲公室輔及生如卜人之言有文在其手曰友遂

人之言有文在其手曰友遂
以名之旣而有大功於魯立僖
公受費以爲上卿至於文子
武子文子行父武子宿世增其業不
費廢舊績魯文公薨而東門
遂殺適立庶魯君於是乎失

遂殺適立庶魯君於是乎失国失国權政在季氏於此君也四公矣民不知君何以得国是以爲君慎器與名不可以假人器車服名爵號

春秋卷第二十六　經六千三百六十三字
注三千九百五字

文永二年四月十一日以清[illegible]
之本書寫點校了

書本奥云　本奥云
養和元年七月廿六日授良別
駕了
在御判

養和元年七月廿六日移點了　在判
加點了
文暦元年五月廿九日重受訓了
點了　主水正原良業
建保三年九月十七日授家説於
仲章了　教隆　在判
正元々年十一月六日書寫了
越州刺史　在判
同年同月十五日以累家秘説手
自加校點了　越後守直隆

弘安元年六月三日以家説
奉授越後左近大夫將監尊閤
畢
音博士清原（花押）
嘉元四年四月十一日以家説
奉授越後守殿了

奉授越後守殿了

直講清原